SHENG-CHIH BOOK

職場姓名學

【目次】

壹 姓名格總論

認識姓名學的五格 14
- 五格的基本算法 16
- 姓名結構 20

姓名中的五行生剋關係 24

認識姓名命盤 44
- 個人命盤 44
- 事業解析 60
- 人際關係解析 70
- 財富多寡解析 78

貳 職場步步升

總是與公司情深緣淺？ 87
- 「五行相同」與公司最麻吉 87
- 「數字或五行雷同」與公司緣份超強 90
- 「假象數字相同」與公司緣份稍淺 92
- 「單一數字進入」與公司藕斷絲連 94

如何近貴人、遠小人？ 96
- 從磁場比例，找最佳拍檔 96
- 主管與你的密切指數有多高 103
- 哪家公司比較有「錢」途？ 107

【目次】

印鈔機老闆的面相特徵 114

職場愛情行不行？ 116

我與上司會不會有婚外情？ 116

我是第三者，可以扶正嗎？ 119

參 提升工作戰鬥力

流年運程計算，各派大不同 124

第一派：九宮姓名學 124

第二派：十二長生姓名學 126

地三派：十天干姓名學 128

今年考運流年如何？ 131

出國留學可行嗎？ 134

今年有外派到外地的機會嗎？ 138

今年是否升遷有望？ 142

今年可以順利跳槽嗎？ 146

名字取得好，開店不會倒 152

用數字看創業 153

生肖相生法 156

【目次】

肆 做頭家我最行

掌握六原則，創業一定成 170

一、進入門檻低不選 170

二、創業要掌握先機 171

三、善用網路自創品牌 172

四、傳統行業尚有發展空間 172

五、景氣好才創業 173

六、創業時需參考流年運程 173

伍 職場改運DIY

工作不順改運法 178

榕樹葉衰氣退身法 178

粗鹽驅邪化煞法 180

小指改運法 181

工作平順秘訣 183

辦公室風水不敗 184

辦公室座位禁忌 194

面試必勝絕招 203

【目次】

摘桂花葉求貴人 203

早睡納吉氣 204

敷臉增貴人運 204

掌握「勝」，求職順 205

服裝開運法 205

拿紅包加運氣 206

不斷自我充實 207

【附錄】

姓氏筆畫數 209

容易計算錯誤的字旁 212

序 好姓配好名，事業一定行

姓名學的派別非常多，也各有專精。筆者本身的名字是改過的，我在學習當中花了二年半的時間、拜了三派的老師，而這三派的老師有九宮姓名學、生肖姓名學，第三派則是業餘老師阮老師，民國80年我無意之間透過長輩的介紹，拜在阮老師的門下，當時阮老師的年齡已經七十歲了，他曾經擔任警界職務，看過各式各樣犯罪人物的面相，他常常用面相加姓名學判斷客人，每次客人進門一坐下，他就會告訴客人你今天為什麼會來找我算命，讓客人佩服得五體投地，而且從姓名學衍生變化各種人際關係，談論愛情、事業、身體、人與人之間的磁場及親子關係等，讓我終於感覺到五術真是學無止盡。

90年我出了兩本磁場姓名學，出書後得到很大的回響，曾經接到一千多位讀者打電話來洽詢姓名學並問我何時再出書。民國92年元月6日我得了重病，躺在榮民總醫院病床上，我的學生陳柏洋跑到床邊說：「老師你千萬不能死呀！你死了以後肚子裡的學問全都帶到棺材裡頭，有多可惜！偏偏你沒結婚也沒生子，連個傳人都沒有，不如把我們學生都教會了再死吧！」我的得意門生李靜如、林威亞、余慶忠、唐先媛也來到我的病床旁說：「老師你上課時不是說你的陽壽到72歲嗎？所以我認為你這次不會有多大的危險。」，聽完這些話真不知是該笑還是該哭，看來不生這一場病我也不願意再留下些什麼作品，如果要留下，我要留最真的東西。在病床上我想通了，如果老天願意讓我普渡眾生，希望能保佑我出書的路平安順利。

92年春天，台灣有SARS傳染，當時命相館的生意非常的冷清，很多客人都不敢算命，也有客人打電話過來問，能不能透過電話算命。在這一段時間我巧遇了生智出版社的劉筱燕及人間福報的劉智惠，在聊天當中智惠及筱燕鼓勵我，不妨在這一段時間出書替五術界留下一個福田，又有感於台灣目前坊間的姓名學書籍中沒有一本談到姓名對於畢業後如何就業及中年轉業等相關問題的影響，因此以此為題，並找來弟弟胡山羽共同分擔篇幅，寫就這一本《職場姓名學》。

其實姓名學是一個看似簡單、其實複雜的學問，從一張小小的名片，可以得知他是不是我的貴人？這家公司能待多久……等。當你看完本書後，可以試著用書中提到的例子，來試算自己本身與周圍的朋友，藉以趨吉避凶，並驗證準確度。

在命理教學中，職業姓名學需要費時十二堂課程才能一一解說完畢，而這本書只簡單介紹某些篇幅，其實有許多章節省略掉，最主要的原因是有些專有名詞無法一一解說，並非筆者賣關子，還請多多包涵。

最後希望好東西與有緣人結緣，也希望能傳於有心想學習五術的人。

胡婕筠

壹 姓名格總論

認識姓名學的五格……14
姓名中的五行生剋關係……24
認識姓名命盤……44

認識姓名學的五格

所謂的五格包括天格、人格、地格、總格及外格，其算法、代表意義及判別標準如下：

五格	算法	代表意義	判別標準
天格	姓氏的筆畫 加上 數字1	◎1至20歲的流年行運。 ◎與長上的關係、祖先緣份。 ◎幼年的學習能力。 ◎頭、臉、咽喉的健康。	『姓』是父母賜予的，較難單純以筆畫論吉凶。但可參考『生肖相生法』，得知姓氏與本命年的吉凶。
人格	姓氏的筆畫 加上 名字第一個字的筆畫	◎21歲至40歲的流年行運。 ◎事業企圖心強烈與否。 ◎象徵賺錢的慾望及能力。	人格、總格的筆畫末碼，可初步鑑定個性，各數字代表的意義如下：

五格	算法	代表意義	判別標準
地格	名字第一個字的筆畫 加上 名字第二個字的筆畫	◎41至60歲的流年行運。 ◎配偶、朋友的助力。 ◎對於家庭與家人的態度。 ◎動產和現金的多寡。	0↓為人保守，財富穩定。 1↓獨立自主，喜創業。 2↓平易近人，個性溫和。 3↓能力強，做事易衝動。 4↓口才佳，喜愛表現。 5↓長輩助力大，一生貴人多。 6↓同事相處和樂，喜愛下班聚會。 7↓獨孤俠型，只顧自己。 8↓熱愛家人，忘了自我存在。 9↓鬼頭鬼腦，聰明過人。
總格	姓氏的筆畫 加上 名字第一個字的筆畫 加上 名字第二個字的筆畫	◎60歲後的身體運程。 ◎關於宗教信仰問題。 ◎老年退休運程。	
外格	名字第二個字的筆畫 加上 數字1	◎婚外情。 ◎出國或移民之運勢。	

五格的基本算法

此處分別以2個字、3個字、4個字的姓名為例，帶領讀者們演算五格的算法。

◆2個字的姓名算法：

1

(姓) 連 14 〉15 天格

〉30 人格

(名一) 戰 16 〉17 地格

1

17 外格

30 總格

天格：「連」＋1 → 14＋1＝15

人格：「連」＋「戰」 → 14＋16＝30

地格：「戰」＋1 → 16＋1＝17

外格：「戰」＋1 → 16＋1＝17

總格：「連」＋「戰」 → 14＋16＝30

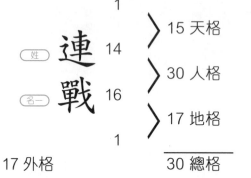

◆3個字的姓名算法：

		1	
			5 天格
姓	王	4	
			8 人格
名一	仁	4	
			11 地格
名二	甫	7	

8 外格　　　　15 總格

天格：「王」+1 → 4+1=5

人格：「王」+「仁」 → 4+4=8

地格：「仁」+「甫」 → 4+7=11

外格：「甫」+1 → 7+1=8

總格：「王」+「仁」+「甫」 → 4+4+7=15

◆4個字的姓名算法：

	字	筆畫	格
		1	
姓一	歐	15	32 天格
姓二	陽	17	31 人格
名一	菲	14	28 地格
名二	菲	14	

15 外格　　60 總格

天格：「歐」＋「陽」 → 15＋17＝32

人格：「陽」＋「菲」 → 17＋14＝31

地格：「菲」＋「菲」 → 14＋14＝28

外格：「菲」＋1 → 14＋1＝15

總格：「歐」＋「陽」＋「菲」＋「菲」 → 15＋17＋14＋14＝60

◆特殊部首的正確筆畫算法

如有特殊部首，其部首筆畫要以標準筆畫數計算，或者直接查閱字典，確認文字完整、正確的筆畫數。

簡易部首	標準部首	標準筆畫數	例字
—	氵	4	法、泓、淑、潔、清
—	扌	4	投、抑、招、拓、揚
—	忄	4	怡、志、忠、快、恆
—	⺮	4	筱、改、放、政、教
—	犭	4	狄、狀、狐、猜、猶
月	月	4	朗、有、朋、朝、服
王	𤣩	5	琪、玲、玎、玩、珍
—	礻	5	禎、祝、祖、禧、禮
—	癶	5	癸、登、發
—	衣	6	袤、裔、初、表、裁
—	罒	6	羅、罡、置、罰、罪
月	月	6	育、肯、胡、股、肩
—	艹	6	英、萱、華、芸、芷
—	阝	7	邦、那、邵、郎、郝
—	辶	7	進、通、逢、逸、達
—	阝	8	防、陷、陸、陳、陵

姓名結構

姓名的結構主要將名字分為上半身與下半身，上半身的五形有剋宮、生宮、平宮（無天格）等三種，它代表15種你與公司、同事……間的關係，主要由天格與人格組成；下半身的五行，有剋宮、生宮、平宮（無地格）等三種筆畫，它代表15種你對事業的解說，是由人格與地格組成，簡稱為下半身。

1

姓　孫　10　〉11 金 天格　〉上半身金剋木

名一　協　8　〉18 木 人格　〉下半身土生金

名二　志　7　〉15 土 地格

8 外格　　25 總格

天格：「孫」＋1 → 10＋1＝11

人格：「孫」＋「協」 → 10＋8＝18

地格：「協」＋「志」 → 8＋7＝15

外格：「志」＋1 → 7＋1＝8

總格：「孫」＋「協」＋「志」 → 10＋8＋7＝25

由上半身可以看出個人與事業的關係（天格與人格的關係）包括：

1 上司對待的態度關係，以及上司給予的助力。

2 個人在社會的名望、形象、尊嚴。

3 一生處事積極與否。

4 看一個人的智慧IQ高低、點子多寡、構思及直覺能力強弱。

5 可否外調他鄉。

6 是否有自我要求，對事業不斷求進步，或不斷有求學的慾望。

7 自我開發的能力。

8 天生有領導統御的能力，或是天生平庸一生。

9 事業營運狀況如何。

10 做事態度積極與否。

11 職場能否步步高升。

12 主管跟你的關係密切指數有多高。

13 你有當頭家的命嗎？

14 加盟成功指數有多少。

由下半身可以看出個人與事業的關係（人格與地格關係）包括：

1 長官對待之情。

2 個人在公司與同事之間相處情形。

3 賺錢的型態，可賺取輕鬆或勞力財。

4 看一個人的聰明、應變能力、處事靈巧度。

5 平輩或同事的助力，是貴人還是小人。

6 人際關係交際手腕，協調運作能力。

7 可否做投資、天生財庫聚財能力。

8 語言能力、外交能力。

9 跳槽，今年可否跳槽順利。

10 專業技術人才。
11 身邊有無小人同事。
12 升遷流年指數。
13 今年有否升遷機會。
14 創業流年指數有多少。

此外，由外格可以看出個人與事業的關係包括：

1 我與上司會不會有婚外情。
2 我是婚外情第三者，能否當上老闆娘。
3 我今年外派到外地，要不要去，去了會不會好。

姓名中的五行生剋關係

數字尾數	例數	五行
1、2	11、12、21、22、31、32、41、42	木
3、4	13、14、23、24、33、34、43、44	火
5、6	15、16、25、26、35、36、45、46	土
7、8	17、18、27、28、37、38、47、48	金
9、0	9、10、19、20、29、30、39、40	水

生宮

◆相生關係

水生木：尾數是0、9（水）與尾數1、2（木）五行關係。

木生火：尾數是1、2（木）與尾數3、4（火）五行關係。

火生土：尾數是3、4（火）與尾數5、6（土）五行關係。

土生金：尾數是5、6（土）與尾數7、8（金）五行關係。

金生水：尾數是7、8（金）與尾數9、0（水）五行關係。

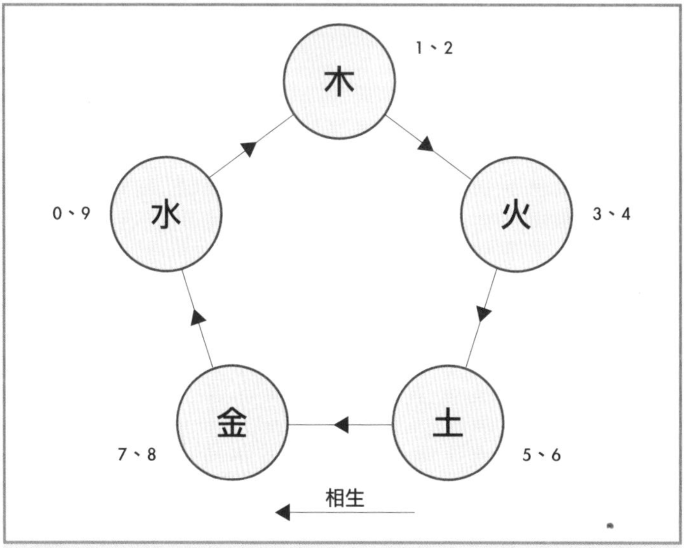

坊間一般認為取名字喜五行相生，其實五行相生未必是最好的，也未必能成大功、立大業。

（順時鐘向下發展，喜歡照顧別人）

水 → 木 → 火 → 土 → 金 → 水

↓ ↓ ↓ ↓ ↓ ↓

木 ← 火 ← 土 ← 金 ← 水 ← 木

（逆時鐘往上找貴人）

蕭淑楨	→	胡婕筠	→	郭泰源	→	陳美鳳	→	蕭亞軒	→	蕭淑楨

水生木	木生火	火生土	土生金	金生水	水生木

◆來電關係

例如：蕭淑慎的上半身是水生木，下半身是木剋土，當他跟胡婕筠來電的時候，胡婕筠的上半身是無天格，下半身是木生火，來電關係不一定要上半身的來電關係，同五行可以跟下半身來電，也可以跟上半身來電，也就是說生宮的人只要碰到生宮的五行，都有來電的關係，差別在於，他是你的貴人還是你是他的貴人。

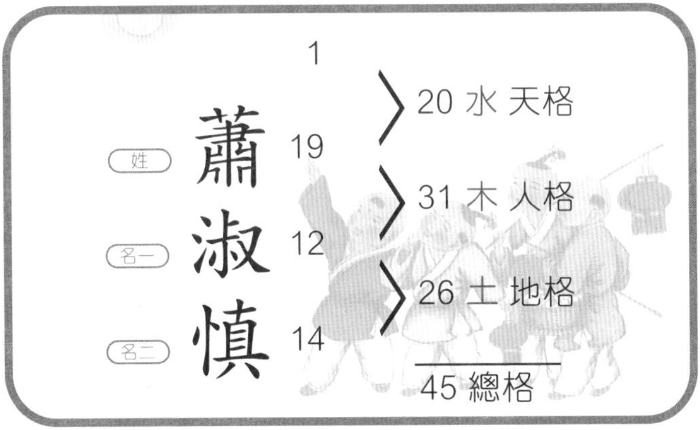

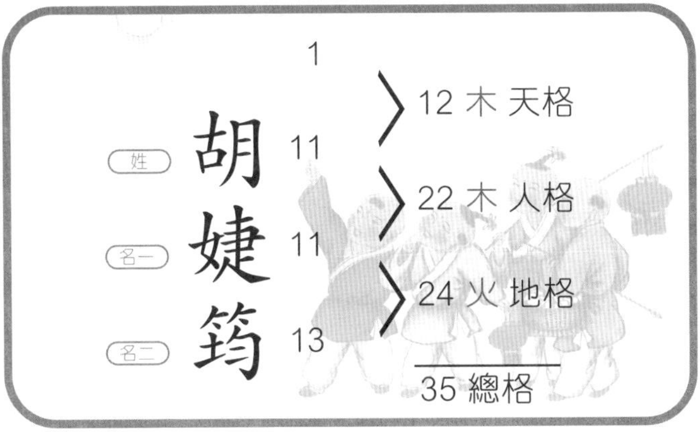

◆相處關係指數分析

當五行順時鐘往下發展時，叫正格來電，會產生對下一個五行有照顧的情誼。例如：蕭淑慎會對胡婕筠好，會照顧胡婕筠；胡婕筠會十分欣賞郭泰源；郭泰源見到陳美鳳，會對陳美鳳十分有好感；陳美鳳見到蕭亞軒，覺得蕭亞軒怎麼這麼優秀，這個年輕人十分值得提拔；而蕭亞軒見到蕭淑

		1	
			16 土 天格
姓	郭	15	
			24 火 人格
名一	泰	9	
			23 火 地格
名二	源	14	
			38 總格

		1	
			17 金 天格
姓	陳	16	
			25 土 人格
名一	美	9	
			23 火 地格
名二	鳳	14	
			39 總格

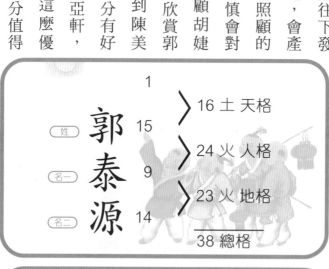

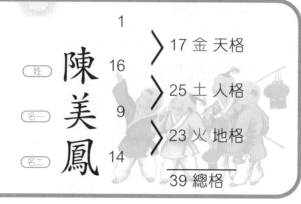

慎，會覺得蕭淑慎如自己的妹妹般，不由自主願意照顧他。

五行相同，會產生你是我前世好友的磁場。例如：宋承憲、郭泰源、陳美鳳三人的五行皆有火生土，因此三個人見面會覺得怎麼這麼投緣，好像前世就見過面，有說不完的話，同五行的人（火生土）永遠會互相引起對方的好感。

		筆劃	格
		1	
			20 水 天格
姓	蕭	19	
			27 金 人格
名一	亞	8	
			18 金 地格
名二	軒	10	
			37 總格

		筆劃	格
		1	
			5 土 天格
姓	王	4	
			18 金 人格
名一	菲	14	
			15 土 地格
		1	
			18 總格

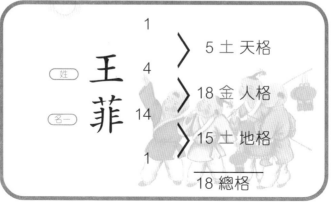

五行跳格發展，會產生日久投緣的磁場。蕭淑慎五行（水生木）跟郭泰源五行（火生土）中間差了一個五行（木生火），當他們見面初期沒有什麼好感，只覺得互相看得順眼，相處一段時日才會發覺互相十分投緣而變成好朋友。

五行逆時針往上可找貴人（正格來電、跳格來電尋找貴人）。例如：蕭淑慎的五行是（水生木），當他遇見蕭亞軒（金生水）時，蕭亞軒是他貴人；當蕭淑慎（水生木）遇見陳美鳳（土生金）時，陳美鳳也是他貴人。雖然同是貴人，但是會有所差別，蕭亞軒因為正格來電無法接受蕭淑慎的哀求，會毫不考慮支持他，但是陳美鳳（跳格來電）會三思而後行，並且也會深思自己是否有此能力照顧蕭淑慎，如果在能力範圍內一定會力挺蕭淑慎。

剋宮

在坊間一聽到五行相剋就嚇到了，認為諸事不順，這種觀念大大錯誤，其實u剋v只是一個名詞，在「八字學」當中，認為人與人之間的交往生宮五行代表有情；剋宮代表無情、改造、約束。但其實這兩套學問（八字學及姓名學）是完全不同的。「姓名學論斷」中，往往剋宮的五行比較容易有高的成就。

◆相剋關係

木剋土：尾數是1、2（木）與尾數5、6（土）五行關係。

土剋水：尾數是5、6（土）與尾數9、0（水）五行關係。

水剋火：尾數是9、0（水）與尾數3、4（火）五行關係。

火剋金：尾數是3、4（火）與尾數7、8（金）五行關係。

金剋木：尾數是7、8（金）與尾數1、2（木）五行關係。

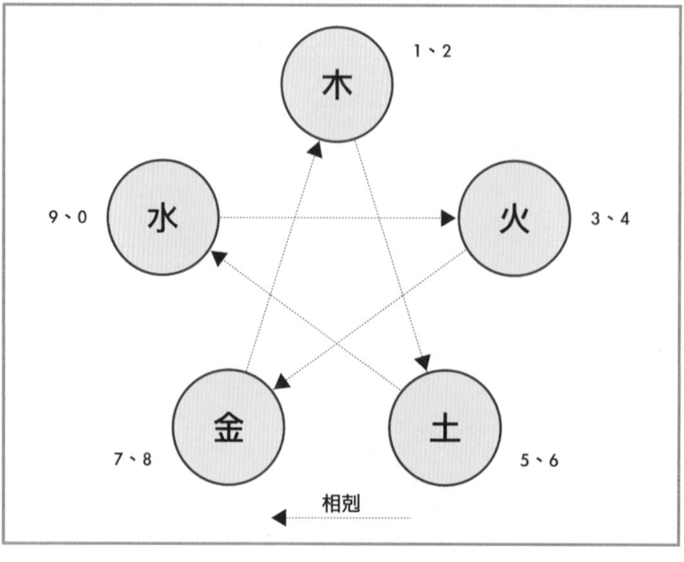

（順時鐘向下發展，喜歡照顧別人）

金 → 木 → 土 → 水 → 火 → 金

↓ ↓ ↓ ↓ ↓ ↓

木 ← 土 ← 水 ← 火 ← 金 ← 木

（逆時鐘往上找貴人）

李連杰	→	藍正龍	→	劉德華	→	施正榮	→	成龍	→	李連杰
	金剋木		木剋土		土剋水		水剋火		火剋金	金剋木

◆來電關係

例如：李連杰的上半身是金剋木，下半身是平宮木（無地格），當他跟藍正龍來電的時候，藍正龍的上、下半身皆是木剋土，來電關係同五行可以跟下半身來電，也可以跟上半身來電，也就是說生宮的人只要碰到生宮的五行，都有來電的關係，只不過是他是你的貴人還是你是他的貴人。

		1	
			8 金 天格
姓	李	7	
			21 木 人格
名一	連	14	
			22 木 地格
名二	杰	8	
			29 總格

		1	
			21 木 天格
姓	藍	20	
			25 土 人格
名一	正	5	
			21 木 地格
名二	龍	16	
			41 總格

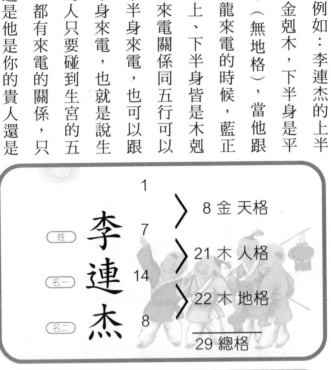

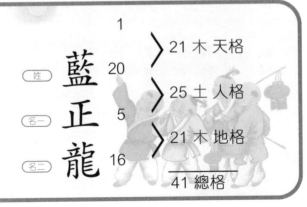

◆相處關係指數分析

五行往下順時鐘發展叫正格來電，會產生對下一個五行有照顧的情誼。例如：李連杰會對藍正龍好，會照顧藍正龍；藍正龍會十分欣賞劉德華，劉德華見到施正榮，會對施正榮十分有好感；施正榮見到成龍，覺得成龍怎麼這麼優秀，能揚名國際，成龍見到李連杰，會覺得李連杰有自己當年的影

		筆劃	格數
		1	
			16 土 天格
姓	劉	15	
			30 水 人格
名一	德	15	
			29 水 地格
名二	華	14	
			44 總格

		筆劃	格數
		1	
			10 水 天格
姓	施	9	
			14 火 人格
名一	正	5	
			19 水 地格
名二	榮	14	
			28 總格

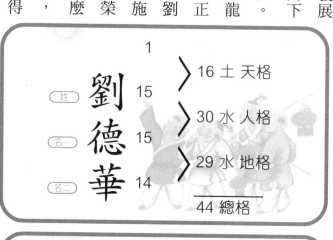

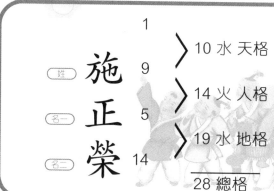

子，會不由自主他願意照顧他。

五行相同，會產生你是我前世好友的磁場。例如：孫協志、李連杰、梁靜茹、袁詠儀四人的五行皆有金剋木，四個人見面會覺得十分投緣，好像前世就見過面。

五行跳格發展，會產生日久投緣的磁場。李連杰的五行（金剋木）跟劉德華的五行（土剋水）中

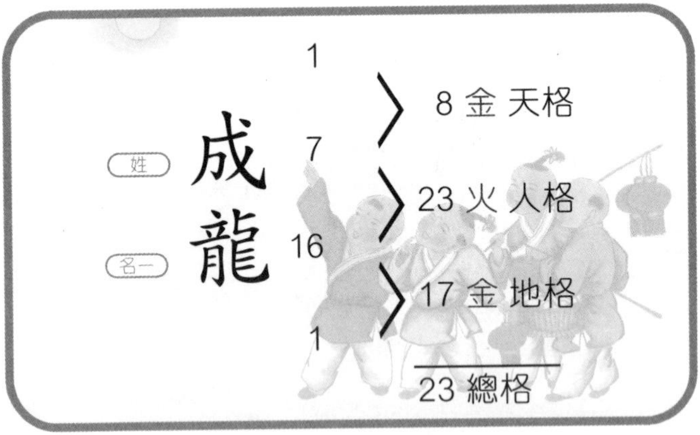

間差了一個五行（木剋土），當他們見面初期尚沒有什麼好感，只覺得互相看得順眼，相處一段時日才會發覺十分投緣而變成好朋友。

五行逆時鐘往上找貴人（正格來電，跳格來電尋找貴人）。如：劉德華（土剋水）當他遇見藍正龍（木剋土）時，藍正龍是他貴人；當劉德華（土剋水）遇見李連杰（金剋木）時，李也是他貴人，同是貴人，但是會有所差別，藍正龍因為正格來電無法接受劉德華哀求，會毫不考慮支持他，但是李連杰（跳格來電）會三思而後行，在能力範圍內才會力挺劉德華。

平宮

◆三種平宮的組合

	尾數		
	陰陽	陽陽	陰陰
木的平宮	1、2	1、1	2、2
火的平宮	3、4	3、3	4、4
土的平宮	5、6	5、5	6、6
金的平宮	7、8	7、7	8、8
水的平宮	9、0	9、9	0、0

表：三種平宮的組合

（順時鐘向下發展，喜歡照顧別人）

木 → 火 → 土 → 金 → 水 → 木

↓ ↓ ↓ ↓ ↓ ↓

木 ← 火 ← 土 ← 金 ← 水 ← 木

（逆時鐘往上找貴人）

袁詠儀 → 吳君如 → 張韶涵 → 梁靜茹 → 劉德華 → 袁詠儀

袁詠儀	吳君如	張韶涵	梁靜茹	劉德華	袁詠儀
平宮木	平宮火	平宮土	平宮金	平宮水	平宮木

◆來電關係

例如：張韶涵的上半身是木剋土，下半身是平宮土（無地格），當他跟梁靜茹來電的時候，梁靜茹的上半身是金剋木，下半身是平宮金（無地格），來電關係同五行可以跟下半身來電，也可以跟上半身來電，也就是說生宮的人只要碰到生宮的五行，都有來電的關係，只不過是他是你的貴人還是你是他的貴人。

		1	11 木 天格
姓	袁	10	22 木 人格
名一	詠	12	27 金 地格
名二	儀	15	37 總格

		1	8 金 天格
姓	吳	7	14 火 人格
名一	君	7	13 火 地格
名二	如	6	20 總格

◆相處關係指數分析

五行順時鐘往下發展叫正格來電，會產生對下一個五行有照顧的情誼。例如：袁詠儀會對吳君如好，會照顧吳君如；吳君如會十分欣賞張韶涵；張韶涵見到梁靜茹，會對梁靜茹十分有好感；梁靜茹見到劉德華，覺得劉德華怎麼這麼優秀，這個年輕人十分值得提拔；劉德華見到袁詠儀，會覺得袁詠

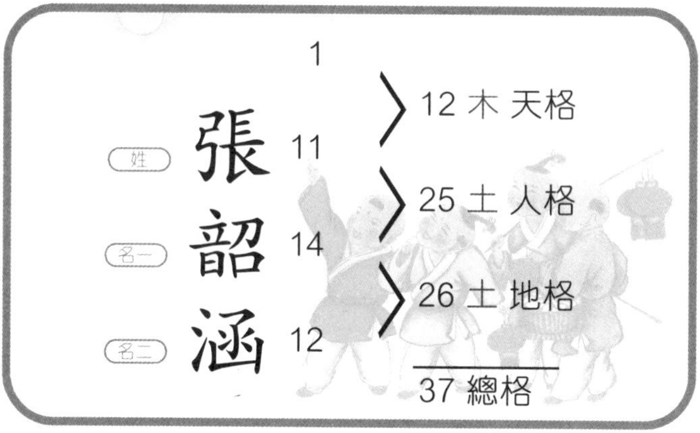

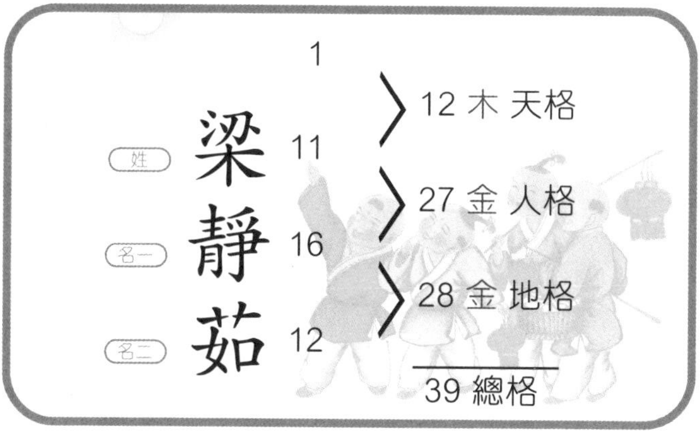

儀如自己的妹妹般，不由自主願意照顧他。

五行相同，會產生你是我前世好友的磁場。例如：蕭亞軒、梁靜茹二人五行皆有金金，二個人見面會覺得怎麼這麼投緣，好像前世就見過面，有說不完的話，同五行的人（金金）永遠會互相引起對方好感。

五行跳格發展，會產生日久投緣的磁場。張韶

		1	16 土 天格
姓	劉	15	30 水 人格
名一	德	15	29 水 地格
名二	華	14	
			44 總格

		1	20 水 天格
姓	蕭	19	27 金 人格
名一	亞	8	18 金 地格
名二	軒	10	
			37 總格

涵五行（土土）跟劉德華五行（水水）中間差了一個五行（金金），當他們見面時初期尚沒有什麼好感，只覺得互相看得順眼，相處一段時日才會變成好朋友。

五行逆時鐘往上發展找貴人（正格來電，跳格來電尋找貴人））。如張韶涵（土土）遇見吳君如（火火）時，吳是他貴人；當張韶涵（土土）遇見袁詠儀（木木）也是他貴人，同是貴人（吳君如及袁詠儀），但是會有所差別，吳君如因為正格來電無法接受張韶涵哀求，會毫不考慮支持他，但是袁詠儀（跳格來電）會三思而後行，並且也會深思自己是否有此能力照顧張韶涵，如果在能力範圍內一定會力挺張韶涵。

【權威說法】

上半身五行相同時，如「木木」、「火火」、「土土」、「金金」、「水水」，不分陰陽數，在數字篇簡稱「無天格」，代表此人天不怕、地不怕，膽子很大，做事勇於面對，在事業方面成功率佳。

下半身五行相同時，如「木木」、「火火」、「土土」、「金金」、「水水」，不分陰陽數，在數字篇簡稱「無地格」，代表此人沒什麼脾氣，喜與朋友、家人打成一片，個性十分隨和，喜交朋友。

認識姓名命盤

個人命盤

在看個人命盤的時候，數目字的尾數單數為陽數，如17代表陽金，11代表陽木，13代表陽火，15代表陽土，19代表陽水；數目字的尾數雙數為陰數，如22代表陰木，24代表陰火，26代表陰土，28代表陰金；20代表陰水，皆由尾數決定陰陽符號。

上半身的五行代表你四十歲以前的個性，下半身的筆畫則是你四十歲以後的個性。

相剋

◆金剋木（不論陰陽）：數字尾數7或8→數字尾數1或2

十分重視個人的衣著打扮，上班的時候總是穿襯衫打領帶，喜歡給人家的感覺是忠厚老實的，在事業上，趨向保守的個性，喜歡朝九晚五的工作。

陽金剋陽木（數字尾數7畫剋1畫）：

熱愛工作，喜歡在工作當中有所表現，剛入社會的新鮮人，在短暫的兩年之內，會爬上主管的階級，在工作上有工作狂的表現。

陰金剋陰木（數字尾數8畫剋2畫）：

個性保守，工作上喜歡默默的表現，適合在本國公司發展，對於公司裡的人事鬥爭，一副漠不關心的樣子，只喜歡獨行俠的方式，處理同事間的問題。

◆木剋土（不論陰陽）：數字尾數1或2→數字尾數5或6

沈默不多話，常給人感覺老實、忠厚，工作時非常認真，當過度疲勞的時候，就會擺出撲克牌臉，當他笑起來的時候就如一隻沙皮狗似的，永遠感覺到他像電影中的藍正龍一樣。

陽木剋陽土（數字尾數1畫剋5畫）：

適合到國外發展，一生當中在國外或外鄉反而事事順，熱愛自由、搞怪，常會穿著與自己一點都不搭配的衣服引人注意，說不定今天俊男，明天變酷男。

陰木剋陰土（數字尾數2畫剋6畫）：

有一句話說「籠中的小鳥很想飛出去，當飛出去以後，又很想回家」，內心十分的矛盾，想要自由，又很想要家庭，生活在矛盾當中，陰木剋陰土是雙重個性的人。

◆土剋水（不論陰陽）：數字尾數5或6→數字尾數9或0

親切微笑是你與人相處最簡單的方法，不知不覺在團體當中或辦公室，會受到同事的厚愛與照顧，一生當中貴人滿天下，處理事務總是如太陽般的親切，無形之中小人也變貴人了。

陽土剋陽水（數字尾數5畫剋9畫）：

你的笑容如陽光般的燦爛，在工作當中喜歡幫助別人，再加上你在工作上的專業知識，永遠表現得獨立自主，會為你在事業上帶來非常的幸運。

陰土剋陰水（數字尾數6畫剋0畫）：

你是非常懂得察言觀色的人，在團體當中你知道該靠左還是靠右，與同事相處永遠是最受歡迎的人，知道何時該買禮物送給哪位上司，這樣你升遷的機會比任何人都高。

◆水剋火（不論陰陽）：數字尾數9或0→數字尾數3或4

你的個性非常急，人家正在思考當中，你已經不知道衝到哪裡了，在處理辦公室的人際關係時候，常常會被人家利用做打手，希望你在要發脾氣前去喝一杯咖啡，冷靜思考一下，千萬不要三字經快速出口，你是刀子口豆腐心的人。

陽水剋陽火（數字尾數9畫剋3畫）：

個性衝動反應快，做事欠深思熟慮，不適合做金融行業，如果想要讓自己變得深謀遠慮，不妨下了班練練毛筆字，把自己的衝動個性改一改。

陰水剋陰火（數字尾數0畫剋4畫）：

陰水剋陰火的人往往成功率特別高，如施正榮先生他不管做什麼事都會深思熟慮，成功的機會特別大，做事手法優異，對任何事情下了決定就不會後悔，雖然都有拼命三郎的個性，但是你是成功者。

◆火剋金：數字尾數3或4↓數字尾數7或8

你做事總是慢慢吞吞的，怎麼激你都無法讓你變得更快一點、積極一點，你認為慢工出細活，做事細心凡事要求完美，人生如蓋房子般，地基要穩才能蓋起高樓，所以你的心思細膩，很適合從事動腦的工作。

陽火剋陽金（數字尾數3畫剋7畫）：

你比較喜歡表現自我，在同事之間相處，只要少許的勝利，你就會到處喧染，好像是賺了非常多錢，讓人覺得你好像非常不踏實，其實你的心態是希望好的東西和好朋友分享。

陰火剋陰金（數字尾數4畫剋8劃）：

在人生創業的過程當中，你是屬於長期抗戰型的，你做事情非常有耐心，而且你也很適合從事較細膩的工作，遇到困難是會有耐心的把它處理完畢，無形之中你在工作上表現得很有毅力，也會為事業帶來了更大的幸運。

相生

◆水生木：數字尾數9或0→數字尾數1或2

你喜歡結交不同階層的朋友，所以你的交際能力很好，不管到任何新環境，都可以很容易就適應，因為你喜歡交不同的朋友，所以你與人的應對能力相對地也就會很好。

陽水生陽木（數字尾數9畫生1畫）：

雖然你在人際關係上很吃得開，但是要小心別太過於直接，什麼事都要跟人爭辯，很容易就會造成別人的不愉快，甚至會有衝突發生，造成你日後在人際關係上越來越差。

陰水生陰木（數字尾數0畫生2畫）：

平常看起來人脈好像很廣，但是如果你太過於現實，什麼事都以個人的利益為主的話，很容易讓對方認為你只是在利用他，到了真正有困難的時候，反而沒有什麼人能真正幫助你。

◆木生火：數字尾數1或2→數字尾數3或4

你是個不喜歡在背後說別人是非的人，凡事都講求公理，所結交的朋友大都是知名人士，這在你的事業上會有很大的幫助。

陽木生陽火（數字尾數1畫生3畫）：

有時候不經意對朋友太過於冷淡，很容易造成疏離的現象發生，若是你有困難時，反而不太容易找到朋友的幫助。

陰木生陰火（數字尾數2畫生4畫）：

你的個性有點消極、被動，但是所結交的朋友都會像家人一樣的對待，所以一旦在你有困難的時候，你的朋友都會伸出援手幫助。

◆火生土：數字尾數3或4→數字尾數5或6

你的個性被動，覺的人生一切隨緣，所結交的朋友皆屬於保守穩固型的，所以你們都能夠無怨無悔的共同為事業打拼。

陽火生陽土（數字尾數3畫生4畫）：

你常會因為忙於工作或是過度投入工作而忽略了朋友，以至於在人際關係上很難再繼續延伸下去，這對你來說可是一大損失。

陰火生陰土（數字尾數5畫生6畫）：

太過於投入工作的你，對於朋友之間情感的維繫漸漸變淡，如果沒有繼續好好的維持你的人際關係，很可能在你有困難的時候，變成找不到人幫忙。

◆土生金：數字尾數5或6→數字尾數7或8

你的個性很溫和，常常會有朋友圍在你身邊，所結交的朋友幾乎是屬於很熱情而且有領導能力的人，只要你能讓彼此的友誼維繫得很穩固，在你的人脈關係和工作事業上，會有不小的影響力。

陽土生陽金（數字尾數5畫生7畫）：

你在選擇朋友方面比較不會去深入了解對方，也是因為這樣子如果對方有欺騙你的行為出現，會讓你對朋友越來越失望。

陰土生陰金（數字尾數6畫生8畫）：

你很重視與朋友之間的關係，由於對朋友關係上有所區分，常會使你失去公正的立場，而影響到你與朋友之間的關係，因為不喜歡其他人介入所以會隔絕你人際關係上的建立。

◆金生水：數字尾數7或8→數字尾數9或0

你對人生充滿了理想，喜歡結交有知識、而且很善於公關的朋友，你也會不斷地追求知識來維持朋友之間的關係，對工作上很有助力。

陽金生陽水（數字尾數7畫生9畫）：

你是一個會以自己為主的個人主義者，有時候太過於追求與眾不同，反而對你的人際關係上有所侷限，畢竟天才是不多的。

陰金生陰水（數字尾數8畫生0畫）：

你的個性穩重、溫和，所交的朋友屬於重感情又隨和的人，和朋友有一種溫馨的關係存在，讓你在精神生活方面得到很大的滿足。

平宮

◆平宮木：數字尾數1或2＝數字尾數1或2

你是個很積極的人，所結交的朋友屬於具有創意、有個性的人，彼此也不會太過於互相干涉，和朋友在一起更能發揮出創意和效率。

平宮的陽木（數字尾數1＝1）：

你對朋友的付出是講求回報的，常會因為佔有慾、嫉妒心與得失心太強，有不甘心而與朋友斷絕的情形發生，所以你要盡量避免負責較困難的工作，甚至在交朋友上要找比你還要弱勢的人。

平宮的陰木（數字尾數2＝2）：

你天生重視朋友，對朋友你樂於付出真感情，當朋友同事背叛你的忠誠時，你會立刻關起一扇窗戶，遠離是非，你常說「朋友何其多，為什麼浪費在這些朋友上」，你變得十分孤獨，你寧可跑到一個不會被人發現的地方獨自療傷，當傷口癒合時你又會堅強站出來重新出發。

◆平宮火：數字尾數3或4＝數字尾數3或4

你的樂觀有如太陽般，為你週圍的朋友帶來快樂，在你生命字典中很少找到「失憶」兩個字，朋友視你為小丑，你也很樂於在團體中當小丑，久而久之為你開拓人生一條路，你的人脈隨著年齡不斷擴充，因此，長期播種的人，到收成時早已處處皆貴人。

平宮的陽火（數字尾數3＝3）：

你比較欠缺智慧，對人好常常被朋友利用，朋友一開始與你交往，認為你心底善良；天生可從事保險、直銷兩種行業，為了面子你不懂得拒絕小人，常順口答應別人，因此家中成員必須為了你的業績長期奔波，最後人也得罪了、錢也沒有了。

平宮的陰火（數字尾數4＝4）：

你是一個深謀遠慮的人，做任何事情皆有長遠計畫，在你的人生字典中，「勝利」這兩個字是你一生寫照，你會為了升遷，知道如何去討好上司，你會為了創業，先放下身段，到加盟店打工半年以上才會決定轉業，你做任何事會先聽別人的意見再做決定，為了明天更好，你會學學新新人類，你永遠走在時代尖端，要你平平庸庸過一生，那是不可能的。

◆平宮土：數字尾數5或6＝數字尾數5或6

好脾氣的你，永遠最有包容心，對於事情是與非，比較不喜歡表態，比如選舉時，辦公室早已藍綠大對決，而你認為何必吵，心中早已有選擇了，何必破壞多年來的感情，你永遠是中間選民，因為你的那一票早已決定，只不過不喜歡表態，中間選民就是對平宮土最貼切的形容。

平宮的陽土（數字尾數5＝5）：

你比較重視實質的東西，會交些個性較積極的朋友，共同組成一組工作小組，以你們的默契、積極和無限的潛能，一定可以達到所有的目標及理想。

平宮的陰土（數字尾數6＝6）：

因為你很注重與朋友之間的和諧關係，常常會因為不想與朋友撕破臉、起爭執，而忍了下來，這樣子的關係，很容易會造成寵壞朋友，等到日後一旦絕裂就無法挽回了。

◆平宮金：數字尾數7或8＝數字尾數7或8

你的個性很內斂又有辨識人才的能力，有智慧的你，全心全力的幫助有需要的朋友，你以不望他人回報的態度，讓你的朋友更加對你無怨無悔的付出，對你有很大的幫助。

平宮的陽金（數字尾數7＝7）：

你的朋友有點虛榮，而且做事有些誇大，為了達成共同的目標，有時候會有扮黑臉的情形出現，常常會不經意成為悲劇英雄。

平宮的陰金（數字尾數8＝8）：

你永遠如悲情城市來的小人物，認真工作永遠不願意發出聲音，凡是熱鬧的地方永遠沒有你的身影，而如果真要出現，也會盡量做一個聽眾，躲在黑暗角落，不願讓人發現你的存在，內心深處十分怕受傷害，其實許多人很欣賞你這童養媳般的態度，如果你願意走出來，相信會有更多朋友願意助你一臂之力的。

◆平宮水：數字尾數9或0＝數字尾數9或0

你很重視朋友，大部份的時間都花在朋友的身上，所以你的交友運還不錯，常能結交社會知名人士，如果你能善用你的人際關係，對你會有相當大的助力。

平宮的陽水（數字尾數9＝9）：

你的個性很開朗，常常不斷變換交往的對象，常會使你的人際關係產生很大的變數，你的朋友與你交往只不過互相利用，而不是深交。

平宮的陰水（數字尾數0＝0）：

你十分有數字觀念，也十分會理財，如果肯多花一點時間學習如何理財，相信不久將來你會有不錯財富，與朋友交往你比較喜歡有智慧的人士，十分討厭粗俗人士，朋友言行舉止往往是你決定要交往多久的因素，你的朋友不多，但一旦是你的朋友則會是終生之友。

事業解析

上半身的五行代表你四十歲以前對事業的企圖心，下半身的五行代表你四十歲以後對事業的企圖心。

相剋

◆金剋木：數字尾數5或6→數字尾數1或2

你在工作上很注重安全，較傾向以大型公司或進入政府機構工作，藉由組織的力量與群體工作的方便，讓你更能接受或更具有獨創性，再加上你天生有創意的才華，貴人運旺，每當要創業的時候，身邊的親朋好友都會跳出來，為你張羅財富，工作的時間永遠是超過八個小時以上，再加上你冷靜的觀察，往往在四十歲以後會想換跑道，通常都可以在職場自創出一片天地。適合的行業：會計師、房地產仲介、企管顧問、設計師、個人工作室、政府機關、與電話有關的職業、從事現代科技業者。

◆木剋土：數字尾數1或2→數字尾數5或6

你是開疆辟土的格，越難的工作對你來說是越大的挑戰，你適合做開發的工作，天生是一個不認輸的人，相信在你不斷的努力下，你的事業會開花結果。適合的行業：直銷業、大眾傳播業、旅遊業、運輸業、保險業、政府機關。

◆土剋水：數字尾數5或6↓數字尾數9或0

在事業上你很懂得順應環境和察顏觀色，因此常以富理想般以奉獻精神面對工作有關的事，配合你對事業的直覺力，很容易受到上司的厚愛，升遷的機會非常的平順，你比較適合做公關的行業，與人接觸越多，會為你的事業帶來更好的幸運點，如果你想好好的休假在家裡待一段時間，相對你的幸運點也就會減少了，記得一句話「上班一條龍、下班一條蟲」，這句話形容你是最貼切的。適合的行業：餐飲、講師、服裝、公關、美容、旅遊、服務業、外科醫生、專業技術人員。

◆水剋火：數字尾數9或0↓數字尾數3或4

你很想當老闆，其實不見得，工作需要你的毅力、耐力和智慧，才能造就事業的尖端，你比較不適合加盟店的投資，你天生是一個容易被打倒的人，當事業開創期不順時，你會很容易產生「我是不是走錯行？」、「是不是該收起來？」其實只要有毅力、耐力，你的黑暗期很快就會過去了。適合的行業：冷飲、花店、電子、機

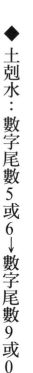

械五金、清潔業、路邊攤、軍人、與軍事有關的職業、冒險家、焊接工、消防員、自由業者、與石油有關的職業等。

◆火剋金：數字尾數3或4↓數字尾數7或8

什麼行業愈老愈賺錢，你必須先想清楚並且在工作當中找到快樂，往往只要你著迷的工作，你會如拼命三郎般，不在乎上班多少小時，凡事要求完美並做事又細心，如果你鑽研某項技能，你會在工作上表現得如李遠哲一樣，會倍受肯定，說不定下個諾貝爾獎得主就是你。適合的行業：音樂家、藝術家、演員、歌手、服裝的設計和銷售、珠寶業者、彫刻家、皮革業者、金融業者、庭園設計、糖果業者、保險業者等。

相生

◆水生木：數字尾數9或0→數字尾數1或2

擁有廣闊人際關係的你，在事業上常會借重他人的錢財以集資的方式獲得創業的資本，如果能善用你的天賦，再配合你對時勢的觀察力，就可以藉改革的機會，開創出自己的一片前程，不過你不喜歡被人指揮，又不願意指揮他人，很容易隱藏你自己的事業心，使得你對事業表現得相當極端，容易樹立敵人，阻礙你的事業開拓。適合的工作：律師、法官、外交官、教師、廣告業者、廣播業者、旅行業者、運動員、與宗教有關的職業、國際貿易業、從事運輸業者、空中小姐、哲學家等。

◆木生火：數字尾數1或2→數字尾數3或4

對於事業你有種不服輸的精神，強烈的創業企圖心，讓你對任何事物，都會有想去嘗試的勇氣，你在事業上會有很強的領導慾望和自主的精神，加上你的衝勁，可以使你發揮出高度的工作效率而獲得成功的機會。適合的工作：秘書、作家、教師、書法家、郵差、圖書館員、播音員、廣告業者、雜誌業者、書商、翻譯員、印刷業者、演說家、推銷員、零售商、代理商等。

◆火生土：數字尾數3或4→數字尾數5或6

在人生際遇多功敗垂成現象的你，對於創業的態度，是以精確分析、仔細評估、計畫周詳後才做出決定，所以謀定而後動的行事風格，配合你追根究底、務必邏輯化的讓自己完全了解，但是如果你過於追求事業的完美，過份執著於是非的明辨、步驟的精確，除了阻礙事業的發展外，更讓你的夥伴難以忍受，凡事事必躬親的個性，對事業發展有所限制。適合的工作：企業家、經濟學家、政治家、建築業者、政府行政官員、從事農業者、不動產業者、木匠、彫刻家、鐘錶業者、陶藝師等。

◆土生金：數字尾數5或6↓數字尾數7或8

你對事業重視的是財務上的安全原則、重視的是公司的形象，所以在自我的理想下和穩健的組織架構中，一步一步地按步就班的行事風格，在報酬率與風險成正比的金融原則下，欠缺了對事業冒險精神，加上固執和被制度綁死的你，使得機會一再地錯失。適合的工作：鞋的製造和銷售、慈善家、社工人員、醫院工作者、藥品、與石油有關的職業、與水有關的職業、社會救濟工作者等。

◆金生水：數字尾數7或8↓數字尾數9或0

你對事業的看法是：人要走在時代尖端，賺錢愈快愈好。至於花體力創造未然來對你來說是不可能的，你的ＥＱ非常高，當你鎖定你的事業方向時，你會集中火力、努力學習。聰明多金是你追求的目標，而你可能非法創造財富，也可能走正常軌道賺財富。適合的工作：律師、檢查官、外交官、藝術家、幕僚人員、服飾業者、美容業者、花卉業者、室內設計、演員、毛皮商、珠寶商、陶藝家、仲介業者等。

平宮

◆平宮木：數字尾數1或2＝數字尾數1或2

你不服輸的個性，常為了追求事業上的成就很謹慎地看待工作上的所有事情，所以你努力的工作，再加上對事業上的耐力與管理的能力，最後終會有出人頭地的機會，但是你要注意，如果為了達成你的目標，努力的往前衝，但是你的下屬卻無法跟進，對你事業上的推廣困難度也會比較高。適合的工作：立法委員、飛行員、天文學家、中醫、西醫、花卉業者、心理學家、電影業者、科學家、發明家等。

◆平宮火：數字尾數3或4＝數字尾數3或4

你為了實踐自我人生的理想而有創業的企圖心，所以雄心壯志的你，會向有權威的人毛遂自薦爭取機會，也會藉由誘引人才，在渴望權力的驅使下，使你更能集中力量，突破一切困難，以全新的姿態、耀眼的業績而獲得領導的地位。適合的工作：政府行政官員、珠寶業者、證券業者、經紀人、掮客、演員、運動員、休閒娛樂業者、民意代表、金匠、電影業者、服務業從業人員等。

◆平宮土：數字尾數5或6＝數字尾數5或6

你一向都很隨緣的，認為升遷只要認真工作，不會巴結上司、不會走後門也不善於保護自己的你，當職場上發生人事鬥爭時，你會選擇以遠離是非地的方式來回應，有時候為了改變工作環境，不斷變動工作，這樣只會使你不易表現自己的才華。

適合的工作：公務員、秘書、會計、紡織業者、圖書業者、與衛生健康有關的行業、教師、編輯人員、工人、餐館業者、營養學家、食品雜貨業者、便利商店、早餐店、路邊攤等。

◆平宮金：數字尾數7或8＝數字尾數7或8

為了自己事業的安全，你會用自己的人，喜歡小圈圈相處方式，以情感凝聚事業的向心力，如何讓周遭的人信賴和尊敬，成為你在領導風格上的一大特色，重視人緣好壞的你會不斷地拉自己人進入事業體系，久而久之家族事業或玩派系，強烈的事業心，使你對有關人員常依不同的親疏關係而有不同的情緒反應，造成你人緣結交不容易，如果又欠缺安靜的工作環境，會使你的事業產生阻礙。適合的工作：家庭主婦、餐飲業者、護士、與水有關的職業、酒吧業者、造船業者、加盟便利商店、麵包業者、罐頭業者、洗衣業者、旅館業者、婦產科醫生、補習班等。

◆平宮水：數字尾數9或0＝數字尾數9或0

對事業你在乎腦力的激發和溝通，為了追求完美而不會堅持原則，使得事業更容易獲得更多的創業機會，你會費盡腦力和體力去發揮自己的創意與才華，多變的原則，容易使你的事業欠缺安定性，不斷的變換欠缺專精持久的事業忍耐力，這就是你難以與人競爭的主因，所以與其嘗試多種事業，不如好好地專心做穩一項事業。適合的工作：徵信業者、科學家、牙醫、內科醫生、中醫師、藥材商、醫業器材商、婦產科醫生、餐飲業、仲介、股票分析師、貿易商、作家等。

人際關係解析

上半身的五行代表你四十歲以前人際關係處理的方式，下半身的五行代表你四十歲以後人際關係處理的方式。

相剋

◆金剋木：數字尾數5或6→數字尾數1或2

對工作認真，凡事事必恭親，不喜歡與人鬥，認為交個朋友非常不容易，得罪一個朋友非常的簡單，因此很難得在他的朋友當中聽到負面的評斷。與人相處的方法：看得順眼多接觸，看不順眼微笑面對，一生當中不喜歡得罪人。

◆木剋土：數字尾數1或2→數字尾數5或6

你的個性非常的保守，長相非常的忠厚，讓人覺得和你在一起非常的有安全感，因此不論你到哪裡，你會用最傳統的台灣人情禮節與人相處，讓人家覺得如隔壁的鄰居般那麼樣的親切。

◆土剋水：數字尾數5或6→數字尾數9或0

你是一個會把快樂帶給別人的人，團體當中有你就會覺得特別的愉快，少了你就會覺得特別的安靜，你不要表現過頭，免得會有長袖善舞的封號在你頭上，更要注意到你的配偶，因為你的人際關係特別好，所以異性朋友特別多，往往你的配偶會認為你是劈腿族。

◆水剋火：數字尾數9或0→數字尾數3或4

你比較沒有心機，對人非常的好，比較不懂得保護自己，所以容易受到朋友的陷害，你不適合合夥的事業，天生不懂得算計，只會被朋友算計，建議你與朋友交往時，記得要會說NO，因為天底下的好人到你手上都會變成小人了，你是屬於比較容易犯小人的那類型。

◆火剋金：數字尾數3或4→數字尾數7或8

你的感情非常的細膩，做事非常專心，腦筋動的非常快，處事態度永遠不得罪任何人，讓人深深感覺到你溫文儒雅的那一面，火剋金的女人如古時候的林黛玉一樣，總是讓人覺得想保護她。

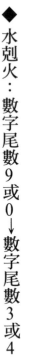

相生

◆水生木：數字尾數9或0→數字尾數1或2

你很樂於參與團體的活動，所以朋友很多，尤其是異性朋友，你很注重團體中的和諧關係，常做朋友間的協調、開心果，很受人歡迎，所以你可以從朋友那裡得到幫助，也因為對朋友過於寬厚，所以也常會被朋友利用，有時難免會為朋友的自私心感到失望。

◆木生火：數字尾數1或2→數字尾數3或4

你比較喜歡結交一些理性型的朋友，也喜歡交不同階層的知名人士，藉由與朋友之間的交集、互動，來收集各方面的資訊，對你在事業上有很大的幫助，但是也因為理性的關係，個人主義就會比較重，所以很容易與朋友之間產生一些是非、誤會。

◆火生土：數字尾數3或4→數字尾數5或6

你的個性非常的保守，在團體當中你比較不太敢去認識朋友，也不太敢把你的心事說出來，一開始與朋友交往的時候，你總是默默地觀察你週遭的朋友，不敢表現出你自己的意見，等到相處一段時日才會聽到你的聲音，你永遠是天底下最好的聽眾，你的心如慈善家般非常有愛心，是默默耕耘、不問收穫的人。

◆土生金：數字尾數5或6→數字尾數7或8

你是個怕麻煩的人，所以不太喜歡參加一些團體的活動，以致於你的交友圈比較狹小，你的朋友是屬於對你的工作、事業有幫助的人較多，像是比自己年長的智者，可以給你的事業帶來不少建議、看法，由於交友圈較小，比自己年長的智者有些可能也是以利益為目的與你交往，要小心當你遇到困難時，會有不願意出手幫助的可能性。

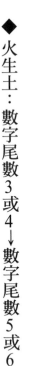

◆金生水：數字尾數7或8→數字尾數9或0

你是一個非常聰明的人，你知道誰對你有幫助你就與誰交往，你會在三分鐘之內認識一個新朋友，五分鐘後就可以變成好朋友，一開始你會很歡迎朋友到你家走動，隨時表現自己寬容的一面，當你發現這個朋友對你的事業、對你的財富沒什麼幫助的時候，你會立刻離開他，你的人際關係幾乎建立在「如何讓我的事業更上一層樓」之上，你永遠是最大的贏家。

平宮

◆平宮木：數字尾數1或2＝數字尾數1或2

你對你自己的人生態度很積極，在團體中做事也很有衝勁，因為同在一個團體裡的朋友、同事也因為感染到你的積極，使整個團隊變得更有效率，對於你在工作上的表現也會顯得更亮眼。

◆平宮火：數字尾數3或4＝數字尾數3或4

你的個性很開朗，是屬於有話直說的人，因為開朗的個性也讓你結交不少的朋友，不過有時說話太直接，反而對你的人際關係有影響，造成許多只是表面上的熱絡，但是並沒有很深入的交往，對你的工作上也不會有太大的幫助。

◆平宮土：數字尾數5或6＝數字尾數5或6

你對於朋友都很友善、隨緣，比較容易結交與宗教有關的朋友，你常會被家人或有高尚品格的朋友所影響，激發出自己的目標，相信人性本善的你，永遠不會防範別人，永遠是用最純樸的方式與人交往，對於違背良心的事情永遠做不出來。

◆平宮金：數字尾數7或8＝數字尾數7或8

你的朋友多半是屬於那種有很多稀奇古怪主意的人，常常會拉你去釣魚、或是打牌，別人認為這種娛樂不是很好，你卻認為朋友在一起，何必一定要對事業或未來有什麼幫助，你與人交往永遠都是吃虧的一方，對金錢你要特別小心，小心會被朋友拖垮。

◆平宮水：數字尾數9或0＝數字尾數9或0

在武俠小說中有一種武功叫做「吸星大法」，你就像他一樣，跟別人交往會去吸收別人的優點，轉換成自己的優點，在廿一世紀競爭激烈的環境中，你不斷地改造自己，不斷地充實自己，很可能今天是文靜的你，明天卻是一個很能幹的你。在朋友的口中，你永遠是一個變變變的人，例如女企業家何麗玲一樣，會從零變成為億萬富婆，平宮水的人一生變化非常的大。

財富多寡解析

地格的數字尾數代表一個人的財富，錢財取得及你對金錢的看法。

◆尾數1的人：

天生不把錢當錢，認為賺錢是為了享受，賺來的錢拿來買名牌的衣服及飾品是天經地義的，當朋友聚會時常常買單的人就是他，認為這一輩子絕對不要做錢的奴隸，也不屑過度省錢者，向來不投資，也不精打細算，所以常常到頭來兩手空空，女性事業心非常的重，賺的錢會把利潤分享給別人，對金錢的認知往往讓人家跌破眼鏡，通常女性的地格尾數是1的人，對先生特別慷慨，並且會輔佐先生事業。

◆尾數2的人：

個性耐操、天生是工作狂，凡事追求一百分，工作上能維持固定收入就好了，花錢十分有分寸，賺的錢幾乎都存到銀行，對於投資理財凡事都講究安全。就算很有錢也依舊很平民化，與公司的同事相處一點架子都沒有，常常辛苦一輩子，所賺的錢全都留給下一代。

◆尾數3的人：

天生是一個衝衝衝的人，對事業有樂觀進取心，只要談到賺錢眼睛就會睜得非常的大，為了證明自己有耐力，會勇往直前，如果不小心輸了，認為錢再賺就有了，何必認真，繼續再衝。

◆尾數4的人：

口才流利、分析能力強，靠人脈案子接不完，一生當中不缺錢，人脈是他的最佳貴人，不論男女老幼，只要聽他的口才分析，都會掏出大把的錢贊助他，因為天生好人緣，最後成功的也是他，但是賺多賺少未知數，常有虛報的感覺。這裡的虛報代表有時候裝得很窮，有時候裝得很有錢，因人而異。

◆尾數5的人：

天生很有金錢概念，知道如何守成也知道如何把財富留給下一代，在他的人生字典上，世界上沒有不愛錢財的人，錢雖非萬萬能，但是沒錢卻萬事不能，對家庭有強烈的責任感，賺了錢只會請家人吃299吃到飽。

◆尾數6的人：

愛從事高風險報酬的投資，喜歡炒股票、喜歡玩六合彩，只要有某某小道消息，寧可餓肚皮玩樂透彩，常常會把錢放在同一個籃子裡，一但輸了就是愁眉苦臉，如果讓他中了一期又是生龍活虎。

◆尾數7的人：

有強烈的革命性格，對高風險高報酬的金錢遊戲一概不玩，如果要玩股票他會專心地去研究這一門學問，直到認為很有把握時才會出手，天生十分摳門，想叫他請客，談何容易，年紀越長會把金錢看的越重。

◆尾數8的人：

平常省吃儉用，對金錢很有概念，認為財富得來不易，能省一分是一分，靠時間累積財富，可是偏偏摳門的人敗在家人，如果父母親、兄弟姐妹有難，會把多年的積蓄提出來，最後的結果，錢也泡湯了，天生刀子口豆腐心，只要見到眼淚就是他的致命傷，男性地格的尾數是8的人，一生當中容易賺到政府機關的財務，或者任職於公家機關。

◆尾數9的人：

有天賦的直覺，能找到賺錢的門道，常常靠手氣累積財富，他永遠是白手起家之命，如果長輩留財產給他，一定會被敗光的，如果長輩沒有留財富給他，他有強大的智慧，在人生的際遇跌到谷底的時候，還是能再度爬起來。

◆尾數0的人：

有野心、有智慧，全副的心力放在事業上，追求事業的高峰，當有重要的投資需決定時，他會躲在深山裡，一個人獨自思考，如何用小錢贏大錢，他的財富不容易被人家察覺，是屬於財不露白的人。

貳 職場步步升

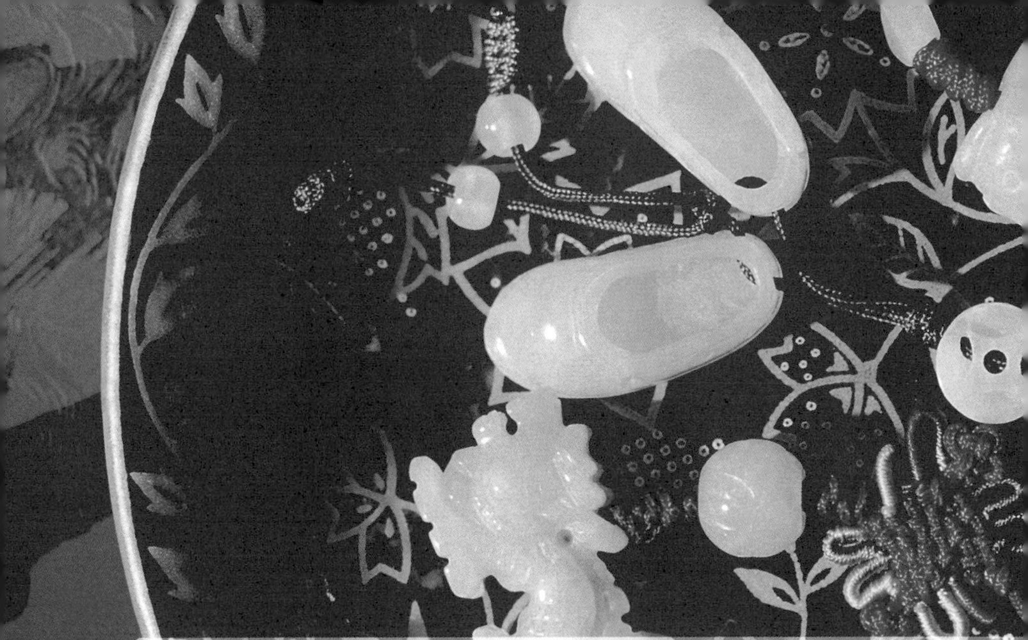

總是與公司情深緣淺？……87
如何近貴人、遠小人？……96
職場愛情行不行？……116

　　在工作上有兩件事影響甚鉅，一是所待的公司與職務是否合適又具發展性，二是上司、同事與你是否相合。因為許多新鮮人從學校畢業進入社會後，才發現學校所學的與在社會上的應用有很大的差距，尤其是「老鳥欺負菜鳥」的現象，讓人們對於工作投注的熱情很容易消磨殆盡。

　　此外，每到年終時，就有很多人打算領完年終獎金就展開跳槽計畫，到底如何才能得到好工作？應該轉往哪種行業呢？該走還是該留？這些問題總是會困擾許多人，其實透過你的姓名也能察覺出一些求職時的方向，我們歸納了幾個判斷方式，讀者們在選擇工作時不妨多加參考。

金	天格	>	上半身：代表理智
木	人格	>	下半身：代表感情
火	地格		
	總格		

總是與公司情深緣淺？

「五行相同」與公司最麻吉

有一家公司叫達益國際實業有限公司，在應徵財務副理及會計小姐時，來了一位應徵者陳芬雅小姐，該公司負責人請我在眾多履歷表中選擇一位，我告訴負責人，陳芬雅小姐會老死在公司，並且會為老闆賣力，你安心把公司財務交給她管理，但是用了此人會遭到許多人反對，日後一定會有許多人打小報告說她是非。

當時老闆問：「她為什麼會犯小人？」，我回答：「因為她是老闆心腹，人紅招人妒。」老闆說：「你為什麼這麼有把握『陳芬雅』會把財務處理好？我讓她進公司，故意從小職務做起，看她如何變成我的心腹。」我回答：「我們用5年時間來判斷，看未來的結果」。

六年之間，陳芬雅小姐從未婚到結婚生子，一連生到第二胎才離開公司，其間她由一個小會計爬到財務部經理職位，也招許多小人陷害多次，而老闆依舊重用她。事後達益國際實業有限公司的老闆對我說：「我上了妳的當才重用她，妳說她會老死公司，為什麼離職？」我笑笑回答：「請問她是不是跳槽到別家公司工

姓 達 16
名一 益 10

1
17 金
26 土
11
1
26 總格

姓 陳 16
名一 芬 10
名二 雅 12

1
17 金 天格
26 土 人格
22 木 地格
38 總格

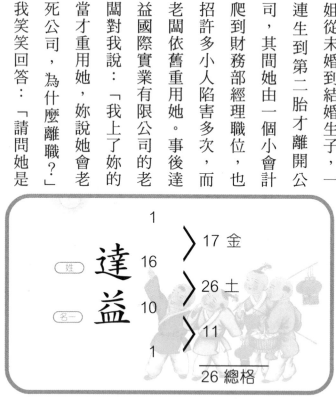

作？還是在家中待？你新財務經理一有問題就請她來公司，請問她有沒有來？離職後一呼就到，還不算忠心才怪。」

【權威說法】

公司名字如何計算五行

每個人的名字與公司名字皆可分為上半身及下半身，同樣具有五行，有許多人會問，當看公司名時，應用全名（例：達益國際實業有限公司），還是用簡稱（例：達益）？在遇到這樣的情形時，必須看公司接電話的人員怎麼說，因為他代表公司對外的一切窗口，也代表公司名譽，這也能充份反應一家公司的風格。比如說，「臺灣電力公司」的員工接起電話時通常會說：「『台電』您好！」，而非「『臺灣電力公司』您好！」這會在無形中產生一種磁場，影響一般人對該公司的印象，間接對公司名的五行產生影響。

不知你有沒有注意到許多公司，都會在入門口的顯眼處，放置公司名稱與Logo，名字是二個字的公司居多，三個字、四個字的名字也有。雖然每家公司經營的理念均不同，但通常名字是二個字的公司行事比較中規中矩，名字是三個字或四個字的公司往往比較西化，在乎經濟團隊，利潤也會分享給員工。

「數字或五行雷同」與公司緣份超強

民國70年（1981年），我在台北縣成立一家房地產代銷公司，公司名字叫做「高效率廣告公司」，當時因為公司的五行與員工的五行相同，此時員工很喜歡待在公司，加班不需付加班費，員工無形之中有一種以公司為家的心理，下了班依舊把份內之事完成，向心力十分強烈。

		筆劃	格
		1	
			12 木 天格
姓	高	11	
			21 木 人格
名一	效	10	
			21 木 地格
名二	率	11	
			32 總格

		筆劃	格
		1	
			12 木 天格
姓	胡	11	
			21 木 人格
名一	凌	10	
			21 木 地格
名二	雲	11	
			32 總格

另舉一例，蘇菲雅是一家公司的名字，它的五行上半身是火生土，下半身是平宮土。在民國85年時，筆者將名字改成胡婕筠，而胡婕筠的上半身是平宮木，下半身則為木生火，與該公司名直接五行來電，也就是說，蘇菲雅公司與我是二個相輔助的磁場，可以長長久久，就算有再多小人、敵手，二者依舊緣份很強。

		1	
			23 火 天格
姓	蘇	22	
			36 土 人格
名一	菲	14	
			26 土 地格
名二	雅	12	
			48 總格

		1	
			12 木 天格
姓	胡	11	
			22 木 人格
名一	婕	11	
			21 火 地格
名二	筠	13	
			35 總格

「假象數字相同」與公司緣份稍淺

因為我是一個命理師，許多公司找我當顧問時，我很了解自己與這家公司緣份有多少，何時有緣？何時緣滅？比方說，達益公司老闆十分賞識我，但畢竟緣份只是一個點狀幾何交叉點，互相欣賞對方，可以坐下來談知心話，聽到對方良心的建議，但也很可能在你掏心

1
姓 胡 11 ＞ 12 木 天格
名一 婕 11 ＞ 22 木 4 人格
名二 筠 13 ＞ 24 火 6 地格
35 總格

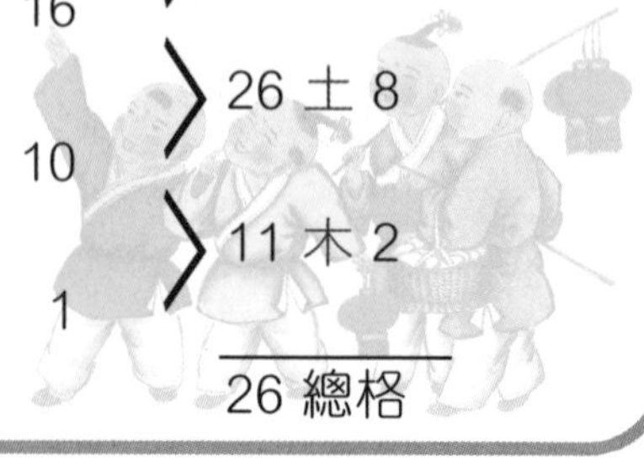

1
姓 達 16 ＞ 17 金
名一 益 10 ＞ 26 土 8
1 ＞ 11 木 2
26 總格

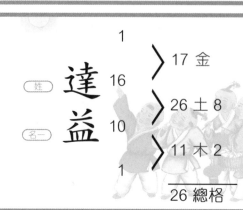

掏肺地建議之後，對方對你的建議聽聽就算了。

舉例來說：達益公司在總格與人格的部分有26劃，而我的名字中有總格35劃，35劃代表3＋5＝8（假象數字8），而26劃2＋6＝8（假象數字8），我們之間緣份十分微薄，也就是你與這間公司緣份較薄，沒有一段時日即會漸行漸遠，當員工進入這家公司後會發現這不是我要的天空，待愈久愈容易發現公司弊端，只是短暫停留，離開公司後也不會想回去或與舊同事聯絡。

「單一數字進入」與公司藕斷絲連

當發現員工的名字與公司的名字中，只有單一個數字進入（此例為24），此時，員工若進入這家公司，待的時間最長不超過三年，三年後員工很可能領完年終獎金就跳槽。跳槽後依舊會與舊同事保持連絡，也可能在新公司有一番發展後，引老同事進入新公司，造成舊

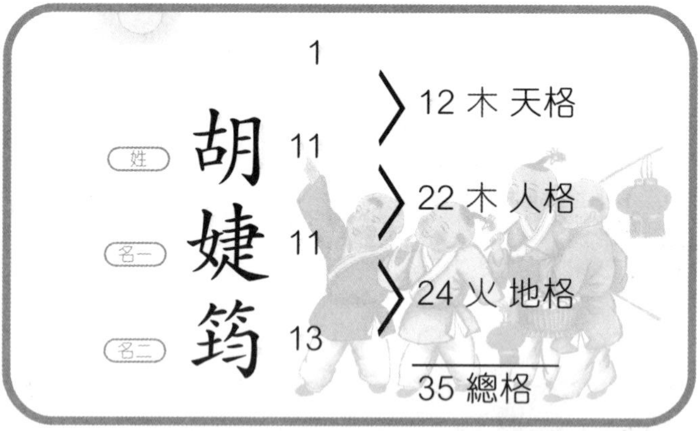

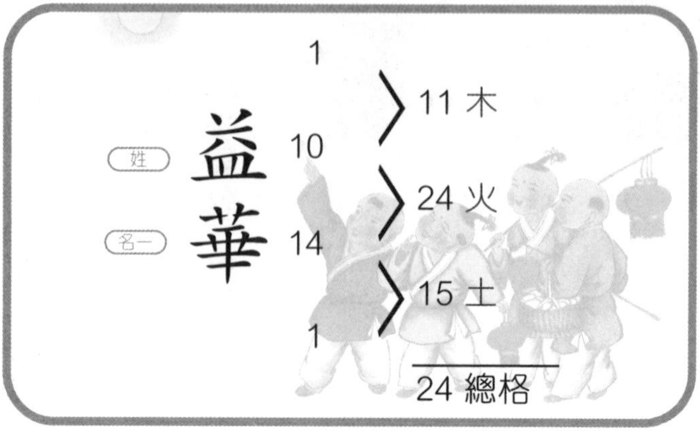

公司一場人事大變動，讓舊公司的老闆又恨又愛。也可能在新公司待一段時間後，又回到舊公司工作，同樣一間公司三進三出，緣份不容易斷。

如何近貴人、遠小人？

從磁場比例，找最佳拍檔

有一套公式，可以透過計算雙方姓名的方式，得知誰是貴人、誰是好朋友、誰是小人，它是由人格、地格、總格來計算分數。

人格、地格與總格相加以後，滿分是225分，彼此間的磁場，必須要超過125分才算是有緣，低於125分都代表不及格。

	人格	50%
＋	地格	100%
＋	總格	75%
	共計	225%

◆實際案例一——緣份淡薄

當某甲與某乙相交的時候，可以用人格、地格、總格來計算他們相合的程度，比如說，劉德華和梁靜茹是同辦公室裡的人，是劉德華對梁靜茹好？還是梁靜茹對劉德華好？請參考下面的計算公式（人格、地格、總格的數目字必須要相加才能計算）

		1	12 木 天格	
姓	梁	11	27 金 人格	9
名一	靜	16	28 金 地格	1
名二	茹	12	39 總格	3
13 外格				

		1	16 木 天格	
姓	劉	15	30 水 人格	3
名一	德	15	29 水 地格	2
名二	華	14	44 總格	8
15 外格				

1 梁靜茹的人格數目字，27＝2＋7＝9

2 梁靜茹的地格數目字，28＝2＋8＝10＝1＋0＝1

3 梁靜茹的總格數目字，39＝3＋9＝12＝1＋2＝3

4 劉德華的人格數目字，30＝3＋0＝3

5 劉德華的地格數目字，29＝2＋9＝11＝1＋1＝2

6 劉德華的總格數目字，44＝4＋4＝8

他們兩個人都有數字3，一個在梁靜茹的總格，因此我們推論梁靜茹會對劉德華付出75%；而劉德華的3出現在人格，因此劉德華對梁靜茹付出50%就會得到她的好感。在這兩人的相處中，劉德華比較佔便宜，梁靜茹付出的比較多，劉德華並不見得會力挺梁靜茹，因為他們之間的磁場比例沒有達到125%以上，緣份比較淡。

◆實際案例二——最佳拍檔

劉德華與鄭秀文兩人相處，到底是誰佔便宜，我們來算算兩人的磁場：

		1		
			20 水 天格	
姓	鄭	19		
			26 土 人格	8
名一	秀	7		
			11 木 地格	2
名二	文	4		
5 外格			30 總格	3

		1		
			16 木 天格	
姓	劉	15		
			30 水 人格	3
名一	德	15		
			29 水 地格	2
名二	華	14		
15 外格			44 總格	8

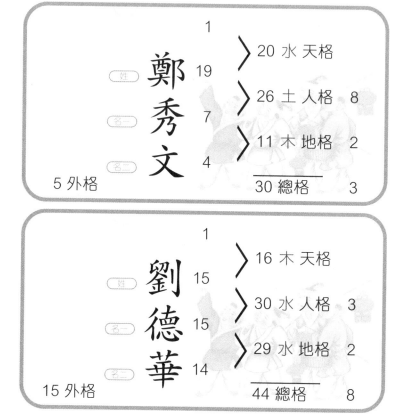

1鄭秀文的人格數目字，26＝2＋6＝8
2鄭秀文的地格數目字，11＝1＋1＝2
3鄭秀文的總格數目字，30＝3＋0＝3
4劉德華的人格數目字，30＝3＋0＝3
5劉德華的地格數目字，29＝2＋9＝11＝1＋1＝2
6劉德華的總格數目字，44＝4＋4＝8

不知道讀者有沒有發現，他們的數目字都可以看到3、2、8，最後計算的結果鄭秀文和劉德華都是225％滿分，所以他們兩個人永遠是一對好朋友、而且會互相支持對方。屬於最佳拍檔。

◆實際案例三——相害的小人

宋承憲與劉德華交往，他們之間誰比較佔便宜。

		1	8 金 天格	
姓	宋	7	15 土 人格	6
名一	承	8	24 火 地格	6
名二	憲	16	31 總格	4
17 外格				

		1	16 木 天格	
姓	劉	15	30 水 人格	3
名一	德	15	29 水 地格	2
名二	華	14	44 總格	8
15 外格				

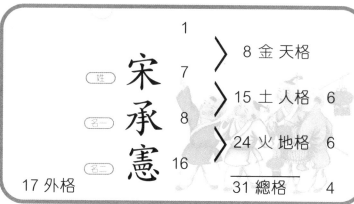

1 宋承憲的人格數目字，15＝1＋5＝6

2 宋承憲的地格數目字，24＝2＋4＝6

3 宋承憲的總格數目字，31＝3＋1＝4

4 劉德華的人格數目字，30＝3＋0＝3

5 劉德華的地格數目字，29＝2＋9＝11＝1＋1＝2

6 劉德華的總格數目字，44＝4＋4＝8

劉德華和宋承憲的數目字完全沒有交集，因此當利益來的時候，宋承憲會陷害劉德華，劉德華也會陷害宋承憲，到底是誰陷害誰就要看當時誰比較受上司的疼愛，或者誰的才華高。

主管與你的密切指數有多高

員　貴人　1.所有剋宮　密切指數 100%

工　貴人　2.金生水

金　　　　土生金　　密切指數60%

　　　　　木生火

木　　　　水生木

　　　　　3.平宮金　密切指數50%

　　　　　平宮木

◆實際案例一——剋宮五行

假設公司主管是吳君如，他只要見到剋宮的職員，不論上半身剋宮還是下半身剋宮，他們的密切指數為100％，見到生宮的人，密切指數在60％，見到平宮的人，密切指數50％。

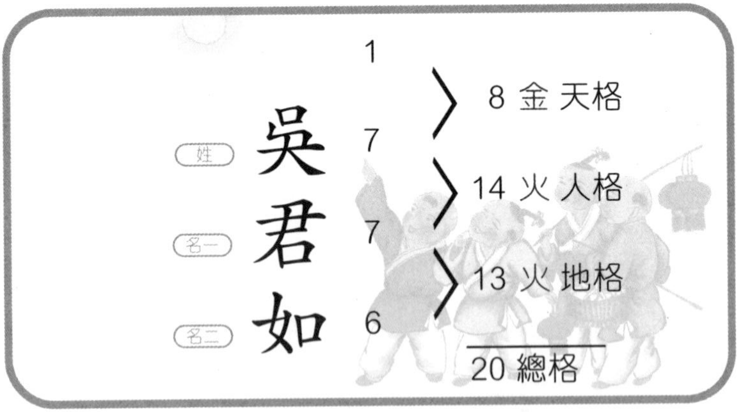

	員工五行	老闆100%	密切指數60%	密切指數50%
剋宮五行	金剋木	所有剋宮	水←金 土→金 木→火 水→木	平宮金 平宮木
	木剋土		水→木 木→火 土→金 火→土	平宮木 平宮土
	土剋水		土←火 土→金 水→木 金→水	平宮土 平宮水
	水剋火		金→水 水→木 火→土 木→火	平宮水 平宮火
	火剋金		木→火 火→土 土→金 金→水	平宮火 平宮金

◆實際案例二──生宮五行

比爾蓋茲是外商公司的負責人，假設他來到了台灣，用本國的員工，見到陳美鳳，上、下半身皆是生宮的五行，因此他們特別投緣，當他遇到剋宮的五行，密切指數就會自然而然降低到60％，遇到劉德華上半身是剋宮，下半身是平宮水，密切指數只有50％。

	1	
比	4	18 金 天格
姓 爾	14	30 水 人格
名一 蓋	16	28 金 地格
名二 茲	12	
		46 總格

生宮五行	員工五行	老闆100%	密切指數60%	密切指數50%
	水生木	所有生宮	水剋火 木剋土	平宮水 平宮木
	木生火		木剋土 火剋金	平宮木 平宮火
	火生土		火剋金 土剋水	平宮火 平宮土
	土生金		土剋水 金剋木	平宮土 平宮金
	金生水		金剋木 水剋火	平宮金 平宮水

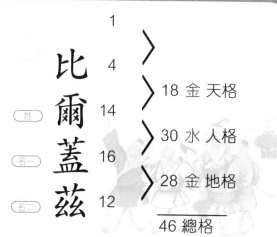

◆實際案例三——生宮五行

假設劉德華是主管，他不論是上、下半身都是平宮的五行，他們的密切指數皆為100％，剩下所有的五行，他的密切指數只有75％。

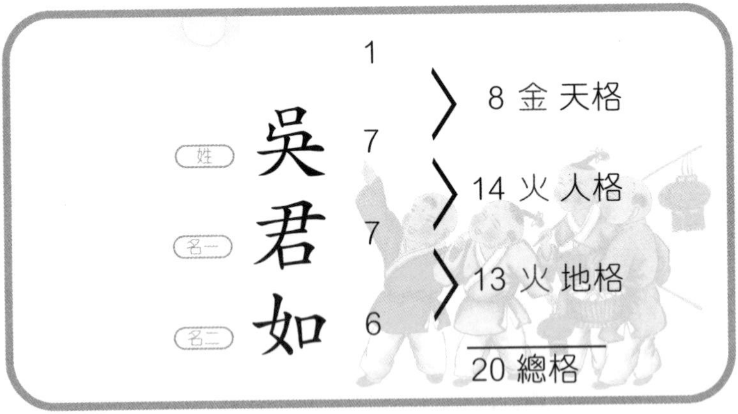

	員工五行	老闆100%	密切指數75%
平宮五行	木＝木	所有平宮	金剋木 木剋土 水生木 木生火
	火＝火		水剋火 火剋水 木生火 火生土
	土＝土		木剋土 土剋水 火生土 土生金
	金＝金		火剋金 金剋木 土生金 金生水
	水＝水		土剋水 水剋火 金生水 水生木

哪家公司比較有「錢」途？

當你想要應徵時，不妨先打聽公司負責人的名字，判斷自己進入公司後有沒有發展的空間，請你從姓名學的觀點，把自己的名字與公司的名字計算一下，這樣也不會浪費青春。

◆實際案例一——台積電 VS. 張忠謀

如何從公司的名字和老闆的名字得知此家公司是否賺錢，如台積電的老闆張忠謀，他們的五行當中，都有水生木的五行，張忠謀的上半身是水生木，台積電的下半身也是水生木，因此張忠謀會常待在台積電裡，而且台積電是一個越老越會賺錢的行業，因為台積電的筆畫總格是34劃，在坊間的書本上記載，34劃為凶數，其實中華民國加起來正好是34劃，一個公司的名字與國家的五行是同數，相對會越活越久，除非中華民國的國號改掉，台積電這三個字才另當別論。

	1	
		6 天格
姓 台	5	
		21 人格
名一 積	16	
		29 地格
名二 電	13	
		34 總格

	1	
		12 天格
姓 張	11	
		19 人格
名一 忠	8	
		24 地格
名二 謀	16	
		35 總格

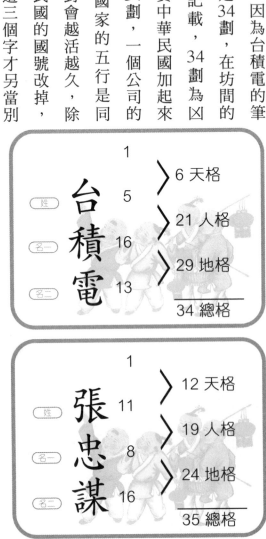

◆實際案例二——鴻海VS.郭台銘

鴻海企業的負責人為郭台銘，鴻海有18、28的組合，郭台銘的地格有18的組合，因此，相較之下鴻海在國外會海闊天空，設的點遍佈全世界各大城市。鴻海的名字取得非常好，有鴻揚大海之意，也有鴻揚版圖之意，再加上負責人郭台銘的地格18劃，相信此家公司將來會非常賺錢，而且18劃的人比較容易標到國家的工程，所以與國家和政府機關的關係蠻密切的。

	字	筆劃	
		1	18 天格
姓	鴻	17	28 人格
名一	海	11	12 地格
		1	
			28 總格

	字	筆劃	
		1	16 天格
姓	郭	15	20 人格
名一	台	5	18 地格
名二	銘	13	
			33 總格

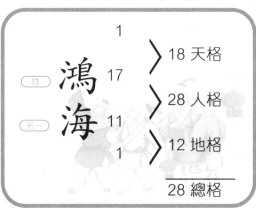

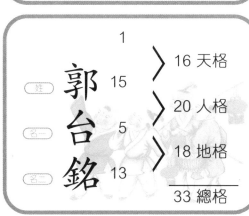

◆實際案例三——宏碁 VS. 李焜耀

宏碁企業的負責人是李焜耀，宏碁的五行是8和20劃，屬於金生水的五行，李焜耀的上半身也是金生水的五行，因此，宏碁是一個走在時代尖端的企業，會有特殊的發明、產品產生。宏碁的總格是20劃，乍看之下宏碁不會非常賺錢，但實際上這家公司十分會賺錢，而且它的版圖會不斷地擴

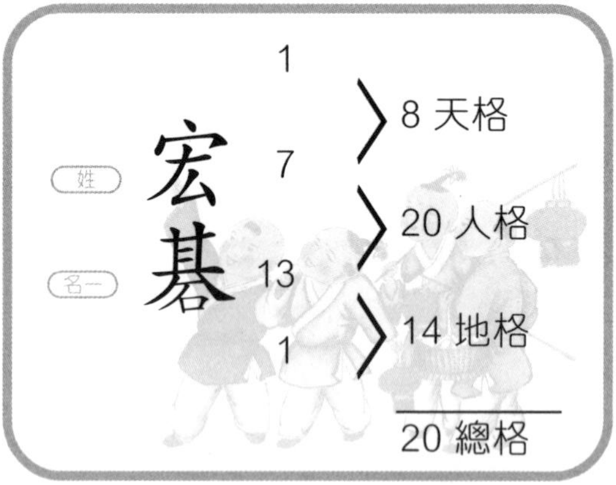

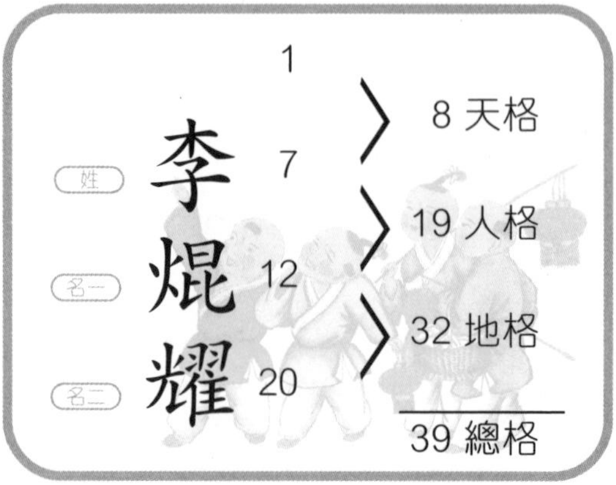

張。

◆實際案例四——

威盛VS.王雪紅

威盛的人格和總格皆是21劃，王雪紅的名字當中剛好有21劃，因此負責人會全心全意地待在公司，並不斷擴張公司整個業務。此外，威盛的老闆王雪紅是個利益願意與員工分享的人，因為王雪紅的名字有21劃，此人外表上看起來像女強人，但是

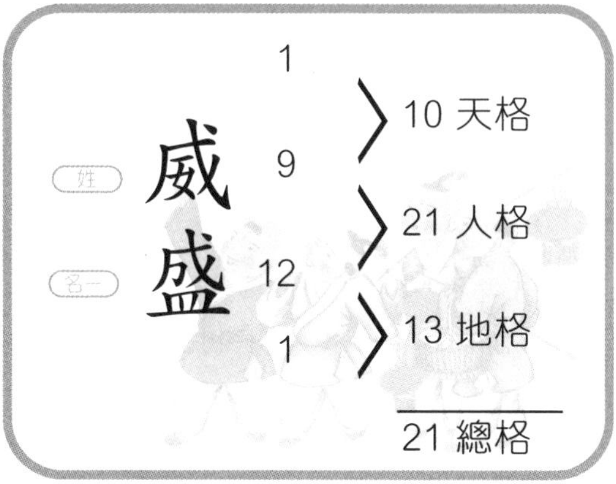

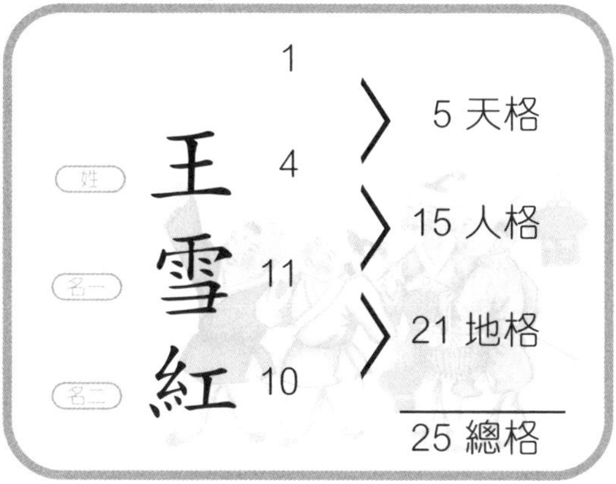

該給員工的福利毫不吝嗇。

◆實際案例五——

廣達VS.林百里

廣達的總格、人格是31劃，與林百里的13劃有假象數目字4的存在，所以林百里的事業不只廣達，將來還會擴展至其他行業，他的財富因為地格12劃、總格20劃，要成為世界的前20大富翁是很容易的。在他的公司裡做事必須很認真、努力往上衝，公司的老員工很多，

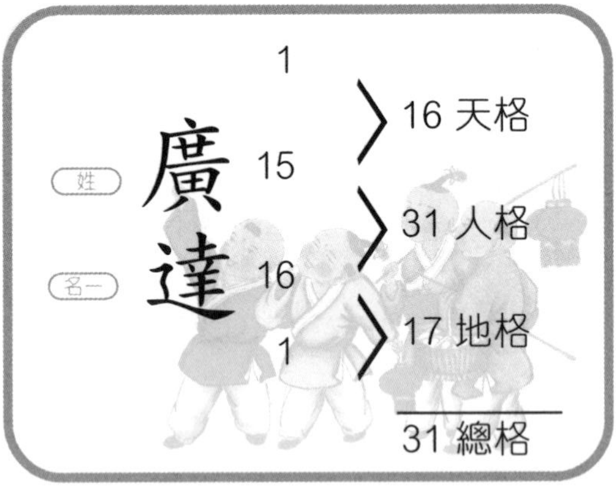

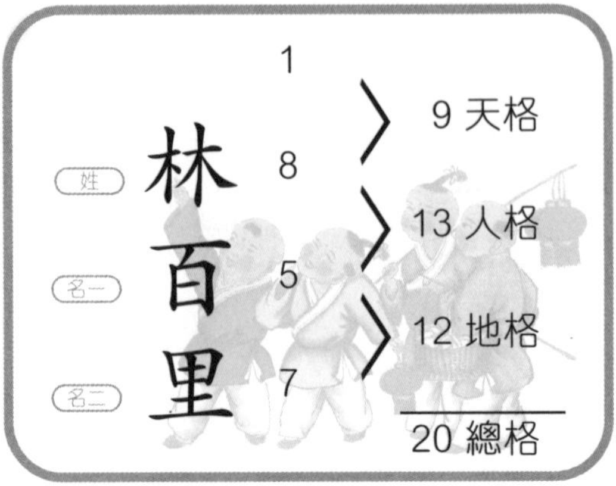

想要超越他們爬到要職，必須下一番功夫才行。

◆ 實際案例六——聯電VS.曹興誠

聯電負責人曹興誠的名字與公司的名字沒有強烈的磁場，代表曹興誠手下一定有很強力的助手，曹興誠是個可以把權力放給部下的人，新新人類進入聯電在很短的時間內就可以爬到很高的職位，因為曹興誠名字中的五行有數目字26，代表此人會派員工到國外去，公司不斷地培植新人，版圖日漸茁壯，有往歐美發展的可能性。

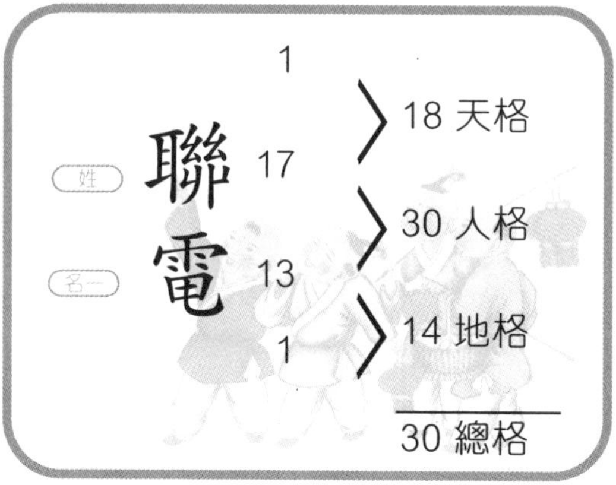

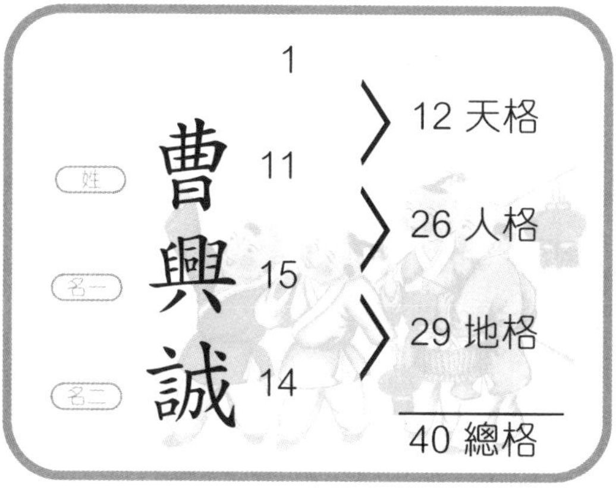

印鈔機老闆的面相特徵

◆鼻

特徵：鼻子高挺，最好鼻如懸膽，鼻翼與鼻頭都要豐厚有肉，鼻頭不可以有痘子或是青春痘的疤痕，鼻樑最好如截筒，直且挺。

◆耳

特徵：耳朵一定要大而且肥厚有肉，耳朵的顏色要比臉部白，耳朵的輪廓要分明，耳垂要大而有肉，耳垂呈現圓珠形，有朝口的樣子。

◆眉

特徵：長相一定要眉清目秀，眉形最好像林青霞，長度最好超過眼睛為宜。眉頭不宜有雜毛，眉毛的顏色有亮麗的感覺。

◆眼

特徵：眼睛最好有神，如星雲大師的眼光，眼神帶有微笑。

◆唇

特徵：上嘴唇薄下嘴唇厚，代表嘴形有力，為人慈悲，做事冷靜，老年運順。

◆整體

特徵：上府（額頭）、中府（眉到鼻）與地庫（鼻到下巴）要三亭六腑分明，地庫一定要圓潤飽。如成龍的臉蛋。

職場愛情行不行？

我與上司會不會有婚外情？

談到林慧萍，四、五年級生幾乎都還會記得她，她曾經是張菲的前女友，還差一點跟張菲結婚了，至今仍常常在節目中聽到他思念林慧萍。林慧萍是一個敢愛敢恨的人，當感情受了傷害會拿得起放得下，記得當她在當紅時候閃電結婚時，班上學生問我，為什麼林慧萍會閃電結婚，認識5個月就談婚嫁，不是十分冒險的一件事嗎？我回答學生要論婚外情，必須看外格。

林慧萍上半身、下半身的五行皆是水剋火，水剋火的女性天生個性易衝動，當她跟張菲交往這麼久一直未婚一定有某些原因，假設張菲子女反對，或者張菲太花了，讓她感情產生退讓心理，因此遠走他鄉，當她遇上潘博照發現上半身「金金」的人十分有才華，雖然口才十分笨拙，但是深交下去又發現下半身「土生金」的

		1	
			17 金 天格
姓	潘	16	
			28 金 人格
名一	博	12	
			25 土 地格
名二	照	13	
14 外格			41 總格

		1	
			9 水 天格
姓	林	8	
			23 火 人格
名一	慧	15	
			29 水 地格
名二	萍	14	
15 外格			37 總格

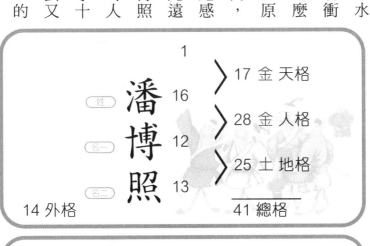

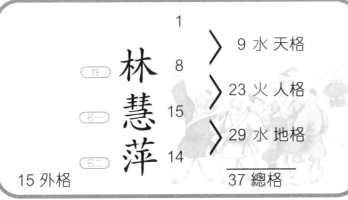

人脾氣好又有實力、彼此個性適合，永遠有談不完的話，彼此之間有十分熟悉的感覺，至於張菲在台灣隨時有人要搶當張太太，對自己無形之中嫁給張菲沒有安全感。

學生問：「可以用外格論婚外情嗎？是否有結果？公司主管與部屬是不是這樣看？」我回答，潘先生的名字中有一個字「照」筆畫13劃，加一等於外格14劃，林慧萍的「萍」正巧14劃，坐入外格，才可能產生婚外情。所謂的坐入外格，以潘博照為例，潘博照的外格是14劃，當他遇到萍的字形，正巧14劃，這種數字的關係，相同五行就叫做「坐入外格」，相對的只要對方女性名二的字是14劃任何一個字都代表坐入外格。如：鳳、翡、翠、華……。

第二個原因，林慧萍的總格37劃，數字五行屬金，坐入潘先生人格五行28劃，自然會有天雷勾動地火的感情產生，而這套公式十分適合辦公室，至於有沒有結果就看緣份了。

我是第三者，可以扶正嗎？

姻緣是一種很奇妙的東西，個性相投的兩個人未必結婚，個性不合的人也未必不會結婚，李宗盛在音樂界是個才子，當他跟朱衛茵結婚多年後，與朱閃電離婚，造成當時娛樂界一陣轟動，過沒多久，又傳出李宗盛和林憶蓮要結婚的消息，此時的林憶蓮已經懷孕五個月了，遇到這個三角問題，大家都當作茶餘飯後討論的話題，有人覺得愛情的路一片荊棘，當初李宗盛離婚時，外面就已經傳言李宗盛有外遇，所以才願意放棄多年的婚姻，但為什麼會發生外遇，而且第三者能這麼快就當上李宗盛的妻子，這都不是外人所容易了解的，讓我們透過姓名學來分析這三個人的姓名。

		1	
			8 金 天格
姓	李	7	
			15 土 人格
名一	宗	8	
			20 水 地格
名二	盛	12	
13 外格			27 總格

		1	
			7 金 天格
姓	朱	6	
			21 木 人格
名一	衛	15	
			27 金 地格
名二	茵	12	
13 外格			33 總格

		1	
			9 水 天格
姓	林	8	
			25 土 人格
名一	憶	17	
			34 火 地格
名二	蓮	19	
18 外格			44 總格

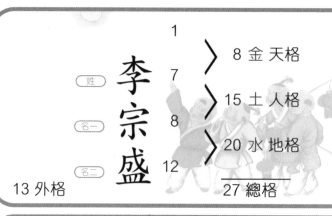

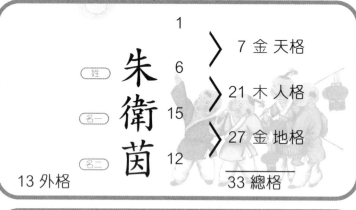

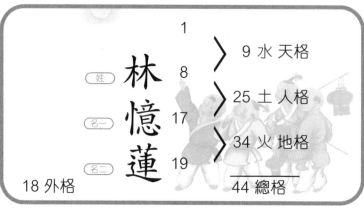

看桃花的數目字，李宗盛的「盛」12劃、外格13劃，朱衛茵的「茵」12劃、外格13劃，當先生的外格和太太的外格是同一個數目字的時候，代表夫妻雙方斬不斷對方的桃花，容易有雙人枕頭的情形。

李宗盛的地格是土剋水，代表此人異性緣佳，而且桃花不斷，常常有到口來的幼齒可以吃，朱衛茵下半身是金剋木，她是一個非常傳統有家庭觀念的女性，往往不懂得如何在性關係上做變化，討好李宗盛的喜愛，結婚久了朱衛茵認為夫妻之間不需要濃情蜜意，更不需要羅曼蒂克，只要細水長流過得平淡就可以了，在家中不懂得裝扮自己，久而久之就有黃臉婆的形象出現，刻版的金剋木女性，自古以來讓人家覺的是賢妻良母型，讓人覺得是個好媽媽、好媳婦、好太太，但並不是一個好情人。

林憶蓮的上半身是土剋水，李宗盛的下半身也是土剋水，林憶蓮並不需要太刻意地去妝扮，來勾引李宗盛的歡喜，李宗盛就會掉入到愛情的漩渦中。許多人私底下問我說，她是婚外情的第三者可否當上老闆娘，如果你能像這個案例，坐入你男朋友的下半身五行，則你的姻緣路上就比較容易有好的結果，但不一定天長地久。

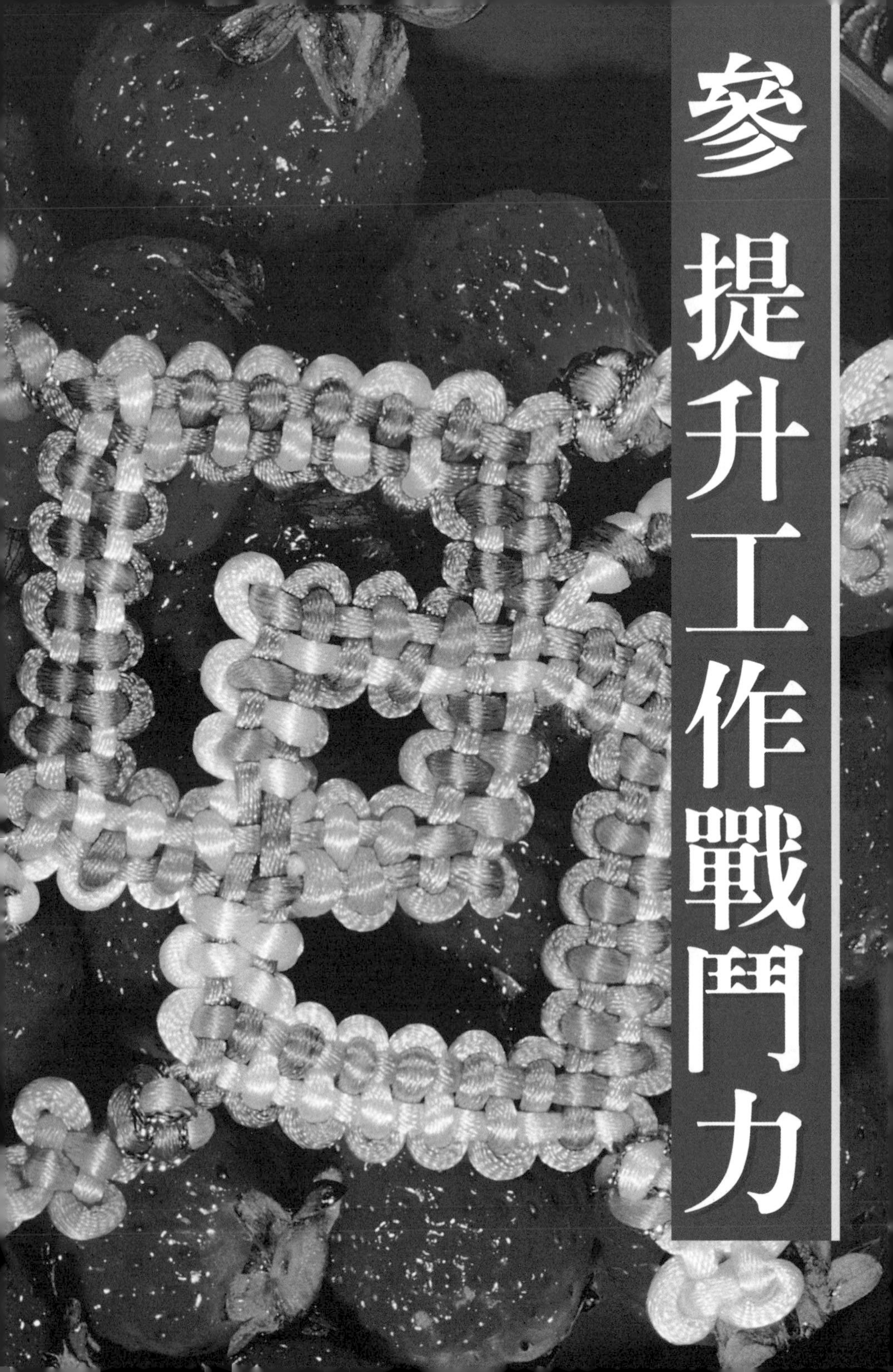

參　提升工作戰鬥力

流年運程計算，各派大不同……124
今年考運流年如何？……131
出國留學可行嗎？……134
今年有外派到外地的機會嗎？……138
今年是否升遷有望？……142
今年可以順利跳槽嗎？……146

流年運程計算，各派大不同

坊間姓名學計算流年分為三派，第一派：九宮姓名學；第二派：十二長生姓名學；第三派：十天干姓名學，主要的差別在於計算流年運程的方法不同，本書的立論根據是以十天干姓名學為主。現在我們先大致地介紹這三派姓名學的不同，再看其運用到提升工作的好運上頭，各代表什麼意義。

第一派：九宮姓名學

九宮姓名學派計算流年的運程時，主要以九個字來看結果：

名：代表今年諸事順利，容易升官、容易結婚、容易發財。（流年指數100分）

財：代表今年財運容易流失，錢不可露白。（流年指數80分）

官：代表今年若想要開公司、外調或是開公司論為凶。（流年指數70分）

利：代表今年看似有利益，實際上完全空。（流年指數60分）

交：代表今年前面若是好運，則接下來就要走壞運；前面若是壞運，接下來就要走好運。（流年指數80分）

敗：代表今年諸事不順，容易受到同事陷害、人事不合、部屬易出問題。（流年指數55分）

衰：代表天官賜福，今年當中易有偏財運及受岳家的照顧。（流年指數80分）

煞：代表今年諸事不順，而且事業易有法律問題。（流年指數40分）

絕：代表今年前半年衰運連連，過了下半年後會日漸好轉。（流年指數70分）

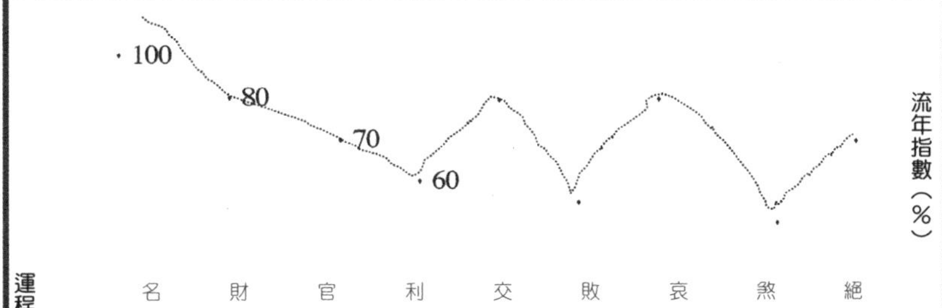

九宮姓名學流年指數示意表

第二派：十二長生姓名學

十二長生法計算流年運程的方式是用一個人的生長過程，來代表一生的長生，共分為十二個階段：

出生：嬰兒剛出生的時候，需要父母親的照顧，代表年齡0～7歲。

沐浴：好像是國小時期的學生一樣，接受新的教育，學習如何成長，代表年齡7～18歲。

冠帶：高中畢業進入社會，或者繼續升學接受社會教育，年齡18～25歲。

臨官：畢業後出社會工作，談戀愛、結婚、生子，年齡約25～35歲。

帝旺：身體的機能一切發育完畢，腦力、智力也成長到一定的程度，事業達到高峰，年齡35～50歲。

衰：年紀大了，想退休了，想安享晚年了，開始重視養生，年齡50～60歲。

病：人老了，開始出現病痛，接觸死亡的訊息，而且常常跑醫院，年齡約60～70歲。

死：年紀大了，踏入生死的階段，對人生不再有企圖心，年齡約70～80歲。

墓（庫）：人即將死亡，開始尋找靈骨塔，為未來尋找家的感覺，年齡80以後。

絕：人真正死了，安葬於靈骨塔或墓地。

胎：父、母親製造嬰兒，在懷孕三個月內。

養：躺在母親的腹中，享受無憂無慮的生活。

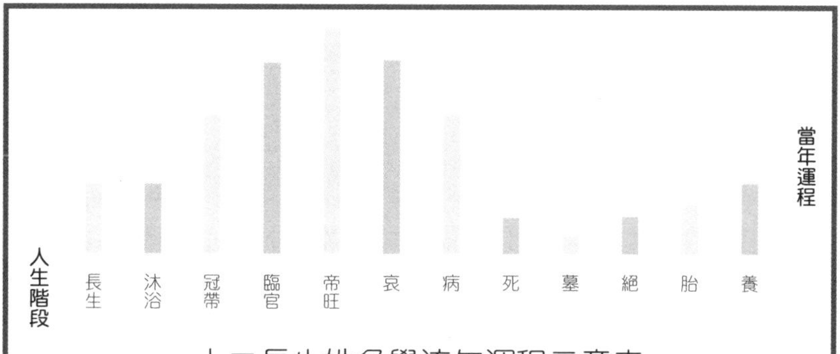

十二長生姓名學流年運程示意表

第三派：十天干姓名學

十天干論命法，是利用人格、地格、總格來論運程，藉由五行生剋的關係而產生了：

1 比肩；

2 劫財；

3 食神；

4 傷官；

96	97	98	99	100
傷官	偏財	正財	七殺	正官
食神	傷官	偏財	正財	七殺
劫財	食神	傷官	偏財	正財
比肩	劫財	食神	傷官	偏財
正印	比肩	劫財	食神	傷官
偏印	正印	比肩	劫財	食神
正官	偏印	正印	比肩	劫財
七殺	正官	偏印	正印	比肩
正財	七殺	正官	偏印	正印
偏財	正財	七殺	正官	偏印

5 偏財；
6 正財；
7 七殺；
8 正官；
9 偏印；
10 正印。
這十個項目。

民國 / 人格 地格 總格 外格	93	94	95
尾數數字1（11、21、31、41）	比肩	劫財	食神
尾數數字2（12、22、32、42）	正印	比肩	劫財
尾數數字3（03、13、23、3）	偏印	正印	比肩
尾數數字4（04、14、24、34）	正官	偏印	正印
尾數數字5（05、15、25、35）	七殺	正官	偏印
尾數數字6（06、16、26、36）	正財	七殺	正官
尾數數字7（07、17、27、37）	偏財	正財	七殺
尾數數字8（08、18、28、38）	傷官	偏財	正財
尾數數字9（09、19、29、39）	食神	傷官	偏財
尾數數字0（10、20、30、40）	劫財	食神	傷官

以劉德華的名字為例，姓的筆畫數為「劉」15劃，名字的「第1個字」是「德」，筆畫數是15劃，所以劉德華的人格筆畫數是「劉的15劃」加「德的15劃」，得到30劃。對照下表，就能知道30劃代表「人格」，29劃代表「地格」，44劃代表「總格」。

「人格」可以看看流年升遷指數、升等考試、普考、高考及一切政府舉行證照考試；「地格」則看跳槽是否順心、是否犯小人、有無意外之財、正財興旺與否；而「總格+地格」，則觀看是否有創業機會及老年運程，及退休後有無事業…等。

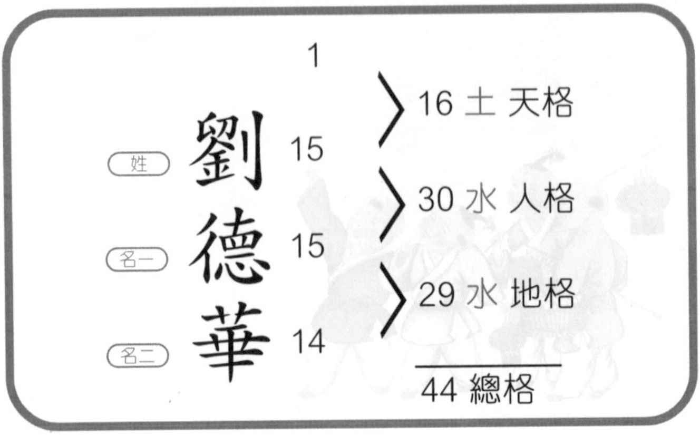

今年考運流年如何？

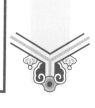

現在找工作，好的學歷已經不是必勝條件，具備各式相關的證照，才能為求職是否成功加分。因此，該年考運佳不佳，除了學生之外，也成了廣大上班族十分在意的事。一般來說，學生在讀大學期間及畢業後二年內考運都佳，根本不需計算何年考試較順利；反之，畢業有一段時間後，若是腦袋不常用，相對考運也差。想要畢業二年後再考國家考試，可以參考姓名中「人格」的數目來判斷可能的錄取率。

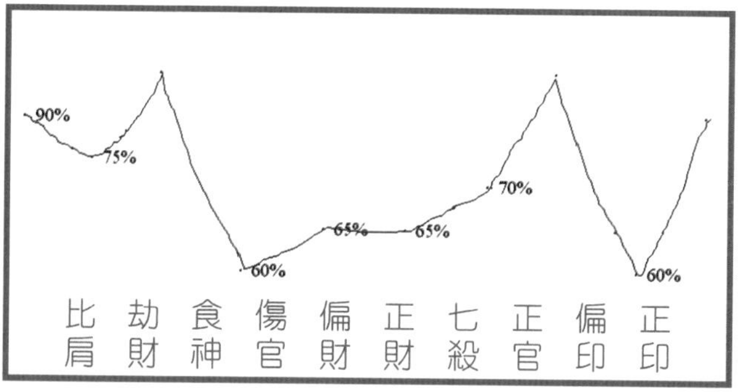

生剋關係	象徵意義	解釋
比肩	**加官進祿**	畢業後你所待的公司對升遷是非常的嚴苛，他對有證照的人特別重視，在求學時間你認為證照考試並不是很重要，出社會以後證照考試有如加官進祿一般，不斷會讓你的職位高升，也會為你帶來優渥的薪水。
劫財	**大器晚成**	你認為證照的考試並不怎麼重要，要不是對工作感覺到危機感，你也不會想到要來考試，相對畢業多年離開書本很久，考運當然不佳，你必須想清楚證照的考試讓你的生活會有很大的改變，痛下決心讀書，要不然你一輩子都會是大器晚成。
傷官	**墨守成規**	你對你的生活非常滿意，覺得平安就是福，你很重視休閒生活，安於目前的現狀，而不知道求新，久而久之你變成屬於ＬＫＫ的這一型，對於透過考試改變人生，你一點企圖心也沒有，讀書對你而言是一件苦差事，今年考不上也是因為你準備不足。
偏印	**前功盡棄**	今年的考運非常不佳，平時很認真準備證照考試，偏偏考試前兩個月不是談戀愛談昏頭，就是在公司忙昏頭，到了考前愛人跑掉了，讓你無心讀書，上了考場每個題目都有印象，就是對答案沒什麼印象。

正財	勤能補拙	你的學歷比別人低，平常上班再努力，也得不到上司疼愛，讓你覺得幸運離你好遠，你必須認清這個事實，凡是大型公司的升遷均會優先提拔高學歷及有證照者。為了出人頭地，你必須再度拾起課本，想要讀一個碩士你可能沒有這麼多的時間和金錢，但考證照卻不需要花太多時間，又能改善日後的生活。
七殺	夜郎自大	每次考試你都認為你會上，總是差那麼0.5分，還沒放榜你就告訴人家說你考上了，等到放榜後你又十分懊惱，就差那0.5分，早知道平時就多用功一點。
正官	前程萬里	今年的考運特別順，考上以後很容易去到一個大型公司應徵，而不久的將來不僅全程萬里，而且口袋也會「麥克、麥克」，沒想到考試會為你的人生帶來一片美景。
偏財	千慮一失	平常做什麼事情你都非常周詳細密，在考試前你會特別的用心讀書，而且會把應屆的考題重覆模擬，沒想到在考試時對自己的自信滿滿，在回答問題時卻沒發現到是陷阱題，寫完也不再做檢查，有如史記上所說的一句話「智者千慮，必有一失，愚者千慮，必有一得。」
正印	喜從天降	平時就很喜歡讀一些課外讀物，喜歡東看看西看看，沒想到興趣也可以混飯吃，無心插柳柳成蔭，今年考試題目出得非常怪，如果你平常有好的讀書習慣，今年會是一個可以收成的年。

註：如果你是在學學生及畢業後兩年之內要考證照，考運都會非常佳，不適合以上九項流年法則。

出國留學可行嗎？

朱醫師在台北市忠孝東路開牙醫診所，生意一直都非常的好，有一天他從國外醫學報導上面發現到植牙在國外非常的流行，而且在民國80年算是一個新興的技術，為了技術不落人後，他跟太太商量：「我想到國外進修，為了我的知名度及未來打算，很可能一年少賺一棟房子，我要出國兩年到三年，你願不願意支持我到美國東部去進修？」當時很多朋友都覺得朱醫師是傻瓜，台灣哪需要植牙這種技術，而且醫學的發展根本不會那麼快，在台灣賺錢多麼輕鬆自在，為什麼還要遠遠地跑到美國東部那種冰天雪地的環境中學習、進修，大家都覺得好不容易建立好的客戶，等你回來就不知道跑到哪裡去了。

兩年後，朱醫師回到台灣，在醫學界發表牙醫植牙的技術，一炮而紅，客戶來自台灣各地，而各大專院校也聘請他為教授，直到如今每個星期他都要台北、中壢、台中、台南到處跑。從朱醫師的姓名學來分析：

上半身金剋木的人，當他決定了一件事情之後，絕對不會改，他跟他太太商量出國留學，只是尊敬太太，其實他心中早有定見。

而下半身木生火的人，喜歡不斷地進修，常常認為自己學問不夠，喜歡隨時隨地吸收各種知識。

		1	
			7 金 天格
姓	朱	6	
			21 木 人格
名一	德	15	
			24 火 地格
名二	宣	9	
			30 總格

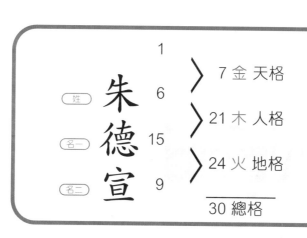

生剋關係	象徵意義	解釋
比肩	出奇致勝	你做什麼事情總是沒有事先準備，常常在考前的三個月，才決定要參加考試，平常看你吊兒郎噹，好像讀書對你來說是那樣的輕而易舉，你認為讀書要出奇致勝，把課本裡頭的內容當玩遊戲的方法讀書，不論是文學、不論是理化，你都是用這個方法，你是屬於e世代的年輕人，讀書永遠是當作玩遊戲。
劫財	妄自菲薄	對自己非常沒有自信心，認為出國留學或是在進修必須頭腦聰明的人才有機會，對自己總是不肯發揮自己的潛在能力，因此機會一再地失去，今年的考運是因為你對自己的自信心不夠，所以才會不佳。
食神	出類拔萃	平時的你喜歡靜靜的，獨自一個人研究功課，你認為在學習的過程當中，你一生當中不可能再回頭學習，即然要讀書在團體當中一定要當一個出類拔萃的人物，如果要出國靜修，一定要考上明星學校、熱門的科系，在國外你也要做班上的佼佼者，走食神運的人他永遠都是在做出類拔萃的人物。
傷官	外強中乾	你平時看起來身體非常的好，一到考試身體卻狀況百出，不知道為什麼考運這麼糟，總是在考試期間容易感冒、容易多病，平常的時候必須注重身體的保養，千萬不能熬夜，平時的努力才能讓你的考運順利，千萬不要臨時抱佛腳。
偏印	好行小慧	你天生喜歡耍小聰明，認為考試的時候帶一些小抄就可以平安的過，沒想到太多的小抄，卻不知道答案該怎麼回答，今年的考試不是這麼

		的容易過，切記千萬不可以再耍小聰明了，認真讀書吧。
正財	**刮目相看**	畢業後在社會上工作常常被人家欺負，老是覺得自己缺少什麼東西，自己越來越沒有自信心，有一天你忽然醒過來，原來我必須要進修，讓自己成為團體當中的靈魂人物，為了前程更好、洗心革面再度進修。
七殺	**功虧一簣**	平時很用功的在K書，到考試時家中或是公司不斷的有意外出現，讓原先的雄心壯志功虧一簣，如果想要出國進修，你必須事先準備好安家的準備金，讓自己能真正的放下心胸，好好的去進修。
正官	**出人頭地**	今年的考運非常順，在文學上思路敏捷、談吐不凡，尤其在外許的表現上，讓人家覺得出口成章，在考試時表現出優越的成績，容易把自己的才華發揮的淋漓盡致，今年的考運特別佳。
偏財	**大而化之**	平常做什麼事情都是大而化之的人，天生是個迷糊蟲，每次到了考試時間總是找不到準考證，考試時規定要帶2B鉛筆，偏偏你就帶了隻鋼筆去，如果你在考前能多一點點的事前準備、做事細心，相信你不會慘遭滑鐵爐。
正印	**再接再厲**	當你出了社會以後已經爬到老闆階級，忽然感覺到人生非常的乏味，好像是缺少了一點點，在別人的眼中他已經是一個成功的商人，而且是社會的佼佼者，他認為人生必須要不斷的進修，才能讓他的人生達到高峰，這就是走正印運時的特性。

註：如果你是在學學生及畢業後兩年之內要升學，考運都會非常佳，不適合以上的十項流年法則。

今年有外派到外地的機會嗎？

彭小姐是美髮界鼎鼎有名的美髮師，她曾為許多政商名流服務，在業界一直保有很好的口碑，2004年公司有意在上海成立新公司，希望能派她成為進駐國外的第一強棒，為公司在異國大放光彩，彭小姐十分擔憂自己的才華能否與國外頂尖高手相戰，上海的流行趨勢與國內是否有很大差別，若要看有無外調機會，或外調工作是否順利，必須從外格來觀察。我們從彭華貞的名字上得知，她外格數字是10劃，而今年流年走向走入劫財。

「劫財」筆者給它取了一個外號叫「兵荒馬亂」，可想而知彭小姐外派到上海，工作上的壓力及精神上的負擔是多麼辛苦，如果你認為人生要成長、要增廣見識，此時是你成長最好的時機，學習命理事先預測未來，當未來有此情形時一點都不訝異，反而以平常心對待。

		筆畫	五格
		1	
			13 火 天格
姓	彭	12	
			26 土 人格
名一	華	14	
			23 火 地格
名二	貞	9	
10 外格			35 總格

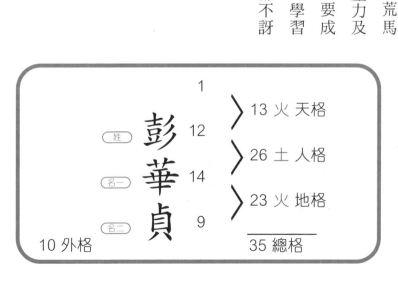

生剋關係	象徵意義	解釋	外調指數
比肩	前程萬里	今年是個外調的好年度，工作再難依舊有輝煌耀眼的好成績，大膽地爭取外調的機會，好好展現自己的才華，你會得到掌聲及榮耀，今年好事連連，請熱情擁抱新的單位。	★★★★
劫財	兵荒馬亂	今年職場上面的艱辛與混亂幾乎超乎你的想像，你需要更加努力才能完成上司所交待的工作，加班、熬夜是你今年的寫照，你的桌子上永遠有做不完的工作，但是升遷、外調、加薪對你來說遙不可及，如果有休息的時候，幾乎都是因為生病躺在床上。	★★
食神	佳績連連	平時你努力工作默默耕耘，在今年是開花結果的年度，你可能會被人高薪挖角，或者是跳槽的機會特別多，如果你想要讓你的生活過的更好，請大膽的申請外調，因為幸運之神會降臨在你今年的事業當中，請好好把握，記得此處不留爺自有留爺處，大膽的告訴老闆，我想要外調。	★★★★★
傷官	壓得喘不過氣來	今年是一個勞碌年，工作常常壓得你喘不過氣來，很想離開工作，但是偏偏家裡頭沒有人可以扛起的重擔，不得不面對老闆的欺壓及同事的排擠，很想外調偏偏機會是零。	★
偏財	酸甜苦辣獎	今年你是顛沛與安定的拉鋸戰，內心很想要換個環境，但是偏偏事業上面特別的動盪，不知道為什麼，上司就是看你不順眼，想要賺一點點外快，又容易被逮，不知道這個酸甜苦	★

		辣獎何時才能脫離，工作千萬不要換，會越換越糟，更別談外調。	
正財	鹹魚翻身	平時你努力工作默默耕耘，你今年有多年媳婦熬成婆的感覺，不知道為什麼年初就有機會外調要職，榮華富貴顯赫，又能掌握大權，真是裡子、面子都有了，今年真是鹹魚大翻身年，生活在安定優渥的環境中，好好抓住外調的機會。	★★★
七殺	爛芭樂獎	今年是你要學習謙卑自省的時候，對工作你必須要不斷地進修，雖然事業不順、環境不佳、外調升遷無望，遲來的公平與正義，永遠不會降臨到你身上，這個時候只有認命，藉由讀書進修，等待明年。	★★
正官	出類拔萃	今年將是你頭角崢嶸、大放異彩的年度，漂亮的成績讓你的事業推到最高點，外調的機會是你長期夢寐以求的，為了好好的表現你常常透支體力，讓身體的狀況日漸衰退，希望你不要衝過頭，留得青山在不怕沒柴燒。	★★★★★
偏印	半壁江山	今年不論是事業、家庭、學業都出現警訊，好不容易的安穩總是少了那麼一點點安全感，學業進修到一半，老闆要我外調，為了飯碗必須放棄學業，外調以後家中又出了許許多多的事，弄得人仰馬翻。	★★★
正印	最佳人氣	困擾多年的衰運終於淡出了，在新的一年你在職場上可以大大地揚眉吐氣，公司的業務在你的領導下打出一片江山，如果今年有外調升遷的機會，相信最佳的主角就是你。	★★★★

今年是否升遷有望？

台灣的春天總是下著雨，讓人覺得悶，此時我從預約名單中看到胡湘敏，印象中她是一個單親媽媽，離婚多年獨立扶養一對兒女，目前正面臨兒女讀初中及高中的教育問題。

到了十二點半，胡湘敏來到工作室，劈頭就說：「胡老師我今年有沒有升遷機會？前幾天老闆找我到辦公室說，目前公司業務經理想獨立創業，想從公司內部提升一位同事當業務經理，有人建議老闆用吳冠志及胡湘敏，我有這麼幸運嗎？」

我回答：「想要知道今年是否有升遷機會，首先得觀察「人格」，假如吳冠志的升遷流年指數正巧走到正財運，升遷指數3顆星；而胡湘敏升遷流年指數正巧走正官運，升遷指數4顆星，那麼公司最後決定會是妳——胡湘敏。」胡湘敏說：「吳冠志今年廿八歲，學歷企管碩士，人英俊不說，家世背景十分好，在公司許多年輕女同事視他為白馬王子，而我只不過大學畢業，目前年齡邁入四十一歲，如何跟年輕小夥子比，再加上平時公司常加班，一下了班立刻投入家庭，早已把自己累得要死，如何才能表現讓老闆刮目相看，機會降臨在自己身上。」我笑著說：「機會如果是妳的跑不掉，不是妳的永遠也不會降臨到妳身上，保持平常心，我若是老闆一定會用妳。」

一個月後我再度在預約單中看到胡湘敏的名字，我知道春天來了，她來報好消息了。

		1	
			8 金 天格
姓	吳	7	
			16 土 人格
名一	冠	9	
			16 土 地格
名二	志	7	
			23 總格

		1	
			12 木 天格
姓	胡	11	
			24 火 人格
名一	湘	13	
			24 火 地格
名二	敏	11	
			35 總格

生剋關係	解釋	升遷指數
比肩	今年人逢喜事精神爽，長期認真工作，終於得到回報，今年上司特別罩我，日子特別好過，無形之中升遷的機會特別多，人氣指數飆到最高點。	★★★★★
劫財	今年不知道為什麼老是犯小人，馬屁也不知道拍到哪裡，上司對我特別刁難，不小心遲到就被逮到，下班又忘記刷卡，無緣無故記曠職，可說是倒楣到底，更別談貴人在哪裡。	★
食神	平日認真工作的你，今年無心插柳柳成蔭，莫名其妙的危機都化險為夷，好像是神明特別眷戀，讓我的升遷指數衝到最高點，或許是平日有燒香，特別得神明的眷戀。	★★★★★
傷官	今年的運程不怎麼順，常常覺得坐以待斃，生命好像已經走到盡頭，管他三七二十一，不妨遠走他鄉，逆向操作，雖然沒有升遷，但是總比坐以待斃好吧！	★★
偏財	今年你的運勢好像貴人都躲在暗處，如果你想要主動跟他們打交道的話，他們才懶得理你，不如此時找份外快來兼差，為自己開闢財源，流年升遷指數幾乎是零。	★★

正財	你今年滿腦子歪點子，做起事情來有讓人跌破眼鏡的感覺，偏偏被你歪打正著，開出了一條路，讓你的財運及升遷指數增加了許多機會點，別忘記有空時，常常去串串門子，你的貴人就會出現。	★★★
七殺	今年你犯小人，更別談貴人在何方，你的貴人都躲起來了，也懶得理你，此時更別談升遷運，不妨找個地方去釣釣魚磨磨耐性、或者爬爬山，讓衰運早日離去，相信下半年就會有雨過天晴的感覺。	★
正官	或許你不相信，去年害你最多的人今年反而是你的貴人，今年的升遷全靠他們，多虧你去年曾拍馬屁才有今日的翻身，誰說我會衰一輩子，你看吧！我今年不是好運嗎？升遷有我，別忘記當運氣不好的時候，一定要熬得過。	★★★★
偏印	今年你的升遷指數高掛跌停板，平日你做事事半功倍，今年特別不同，讓你心中好像有受了傷害的感覺，感覺到事態炎涼，反正貴人與小人有什麼分別。	★
正印	今年的運程氣勢如虹，在職場上貴人可說是滿天飛，讓你覺得非常有成就感，好像在事業上面終於有一片天空，切記別太招搖，要懂得謙虛，讓你的升遷指數及升遷機會能保持到明年。	★★★★★

今年可以順利跳槽嗎？

台灣松下在大陸福建設有廠房，民國88年有位簡先生找我算命，問我他需不需要接受公司外派到大陸工作，外派的高階主管當時的薪水，是在台灣的兩倍，到了民國91年想要外調到大陸，薪資是台灣的1.2倍，逐年遞減。當時有很多高階主管因為到大陸比較不能照顧台灣的家庭，而且子女的就學、配偶工作等家庭因素而放棄，等到92年兒女長大後再想要外派，機會幾乎是零，而且屆臨退休的尷尬時期。此時他年資夠，可以辦理退休，而且別家公司找他跳槽，工作地點在台灣。因此，來問問跳槽能不能成功。

簡國泰先生地格20劃，今年跳槽運途正巧走到劫財運途，此時比上不足比下有餘，我很中懇地建議簡先生千萬別貿然遞退休申請單，在松下工作薪水高、工作有保障，到了新公司薪水未必高不說，新環境中一定有某些事情阻礙他的發展，畢竟大公司比較有制度，小公司人事、財務不健全，假設真的要走，不妨多到新公司走動，多觀察新公司，此時一定會查覺到某些端倪，如果真的那麼好再辦理退休也不遲。

		1	
			19 水 天格
姓	簡	18	
			29 水 人格
名一	國	11	
			20 水 地格
名二	泰	9	
			38 總格

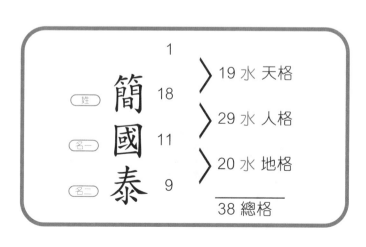

生剋關係	象徵意義	解釋	跳槽指數
比肩	財運亮麗 外快進帳	整體來說你今年的工作表現非常亮麗，相對在業界很快有你的名聲傳出，今年跳槽的機會非常多，你不妨上上人力銀行、投投履歷表，相信千里馬須遇到伯樂才能顯貴，而你的伯樂在某個地方等著你，今年別忘記要多多投履歷表，而且越跳越好。	★★★★
劫財	比上不足 比下有餘	今年的工作運勢平平，想要有好的表現偏偏考績是乙等，年終獎金又特別少，原本想要在過年期間到國外好好旅遊一番、大肆採購，等到年終獎金一發下來才發現，是如此的微薄，所有的計劃只好泡湯，心中按奈不下很想跳槽，偏偏履歷表投出，沒有人理我，唉！還是認命吧，誰叫我比上不足，比下有餘。	★★★
食神	獎金分紅 迎面來	今年你的貴人特別多，年終獎金及分紅是你最大的財富，想要跳槽又捨不得公司的紅利，今年八月份你會有一個跳槽機會，不妨試試看，說不定下個老闆會更好。	★★★★★
傷官	學會避險 今年重點	今年你的財務上面有很大的隱憂，如果無法好好的控制，相信負債就會跟著來，想要跳槽或者是兼差，賺些偏財，偏偏投資運不旺，運氣背到底，奉勸學會記帳，花費千萬要節制。	★★
偏財	維持低調 避險為宜	今年你的財運平平不適合跳槽，如果想增加自己的財運，不妨下了班找個副業來兼兼差，相信你不看好的運，會因為副業而轉變好了，記得你的幸運是在秋天，建議你與家人共創第二事業。	★★

正財	投資運旺 偏財不差	平時你努力工作默默耕耘，今年你正財運非常旺，適合長期投資或者與朋友共同創業，看到隔壁的老李，股票賺了非常多錢，很想學學老李拿部份的錢去投資，偏偏一投資股票就住總統套房，建議你今年只有正財沒有偏財，跳槽的機會點在國曆三月，請好好把握。	★★★
七殺	大起大落 無法預料	今年你的財運非常不穩定，每一次都是大起大落，考驗你的後援到底強不強，不跟父母親借貸就阿彌陀佛了，偏偏此時又犯小人，家中不知道什麼總是頻頻超支預算，要跳槽奉勸你安份守己吧！	★★
正官	收入平穩 可望升官	你今年的財務增加，它是來自工作上的升遷及加薪，如果你在年初的時候跟上司說，你很想換個跑道，相信公司會慰留你並有加薪的機會。大體來說，你今年的官運不錯，不妨留在原來的地方等待升官。	★★★★
偏印	沒有遠慮 近憂不少	不知道為什麼今年特別愛刷卡採購家庭用品，不知不覺當中銀行存款縮水，差一點就有負債，很想換一個工作，偏偏履歷表投出來就是沒有人找，急的如熱鍋上的螞蟻，四處去借錢，想要跳槽又跳不了，何時才有貴人啊！	★★★
正印	想要發財 快找貴人	今年上半年的運不怎麼樣，到了下半年莫名其妙收入變多了，還有些小偏財運；貴人出現了，工作機會也多了，此時想要發財快找老友介紹工作，讓家中的生活早日脫離困境，今年是個跳槽的好年度，別忘記跟老朋友、老同學多多聯絡。	★★★★

肆 做頭家我最行

名字取得好，開店不會倒……152
掌握六原則，創業一定成……170

名字取得好，開店不會倒

現今許多人會有這樣的感嘆：工作難找，職場上的老闆個個都十分吝嗇，付出了那麼多，每個月領到的薪水連塞牙縫都不夠，想創業又不知道自己有沒有當老闆的命，會不會開不到幾個月就關門，到時候賠了夫人又折兵，我該怎麼辦？

其實，你不妨嘗試從姓名學的角度來觀察，自己有沒有老闆格？可否創業。在每一年出生時就會有生肖的產生，而姓名學主要看三大重點：一、數字好不好；二、五行強不強；三、生肖好不好，而我們這個單元是用生肖及數字好不好來判斷，你可否當老闆？可否創業？可否升官？

用數字看創業

人格、總格筆畫數的個位數代表自己，也代表一個人做事業的企圖心，十位數代表別人，我與朋友、上司、家人的相處關係，若：

《筆畫數為12、23、34、45、56、67》

我比別人大「1」代表我與朋友交往的時候，朋友會對我無怨無悔的付出，當談到利益的時候，我比較容易賺到朋友的錢。假設十位數字和個位數字相差2以上，如數目字13，就不合乎此項原則，他與朋友交往的時候，沒有辦法占到一點好處，朋友也不會為他賣命。

《數字21、32、43、54、65》

我比別人小「1」，代表我這一些當中都在為朋友、上司、家人做嫁衣，處處為朋友想，到最後賠了夫人又折兵，在數字中論為壞命。

《數字11、22、33、44、55、66》

此組論為「平起平坐」，一生中做什麼事都不喜歡占便宜，喜歡別人尊敬他。只要朋友對他好一分，他立刻回報，不喜歡欠人什麼。

◆什麼數字利於當老闆

在人格、總格見到數字14、15、16、19、20、23、24、25、30、34、35、40、45，這些數目字對於創業會比較順利，在少年時的工作運也會比較順一點。

坊間另有一說「傳自日本熊崎氏」，將姓名總筆畫加起來，對照下

紅色：吉　藍色：凶
綠色：吉帶凶　紫色：凶帶吉

1	10	19	28	37	46	55	64	73
2	11	20	29	38	47	56	65	74
3	12	21	30	39	48	57	66	75
4	13	22	31	40	49	58	67	76
5	14	23	32	41	50	59	68	77
6	15	24	33	42	51	60	69	78
7	16	25	34	43	52	61	70	79
8	17	26	35	44	53	62	71	80
9	18	27	36	45	54	63	72	81

表，即可了解你是否取了個好名字。

◆什麼數字適合什麼行業

若是在人格數字出現9、19、29、16、26的筆畫，幾乎都是以白手起家為主，而且他們適合經營的產品客層在年齡層13～25歲，價位低廉、走在時代的尖端，如何把自己打扮成光鮮亮麗又有朝氣，是他們的產品特色。

若是在人格數字出現15、25、10、20的筆畫，幾乎都是家族企業，在創業初期比較容易得到父母親的金援贊助，所賣的產品客戶年齡層在18～40歲，經營的產品有皮包、皮帶、皮鞋、帽子及衣服，有如一個小型的百貨公司，五花八門是他們的特色。

◆什麼筆畫容易存錢

若是地格數字出現14、15、16、19、20、23、24、25、10的筆畫，比較容易存錢，其中以16、19筆畫的人比較敢衝，通常一有錢就想投資，比如說在國外開寫字樓接世界各地的訂單，或者在國外投資加工廠，手邊不會放太多閒錢，認為閒錢一多人也就會散漫，凡要把自己綁得非常緊張，才能有進步；地格10、20、25劃的人，比較喜歡買不動產，認為店面、寫字樓、辦公室比較容易保值，可以留給下一代子孫，對金錢喜歡非常的寬裕，不喜歡把自己綁得死死的，認為賺錢何必如拚命三郎似的，他們屬於悠閒的一族，很重視家庭生活，認為孩子的教育非常重要，常常聽到他們談論子女的教育問題，反而很少聽到他們談論生意上的事情；地格14、19、23、24劃的人，比較有投資理財的觀念，他們會把金錢分為三等分，三分之一留在身邊做週轉金「當手邊的現金超過二佰萬以上就會定存」，三分之一投資國內外股票、期貨，三分之一擴展事業，至於擴展至國外的投資幾乎都是合夥事業，不會把全部的精力放在國外。

生肖相生法

12生肖與名字有磁場上的牽連，從姓與生肖，也可探討一生運勢。取名字的時候喜歡用三合字形及三會字形，三合字形成功的比率有85%，比如：

鼠、龍、猴。

牛、蛇、雞。

虎、馬、狗。

兔、羊、豬。

假設屬龍的人在他的名字上見到鼠的字形和猴的字形，代表他一生當中有暗貴人相助，做事情比較容易成功。

三會的字形並不代表每個生肖都能用，比如：

鼠、豬、牛。

虎、兔、龍。

蛇、馬、羊。

猴、雞、狗。

假設屬虎的人在他的名字上出現不喜歡見到龍的字形，見到龍的字形代表龍虎鬥，一生當中飄盪格，所以三會的字形不代表每個生肖都能用。現詳述如下：

◎肖　鼠◎

適合創業的姓	林、李、郭、孫、呂、余、汪、蔣、游、賴、蔡、路、潘、田、高、湯、黎、宋、邱、廉、農、沈、詹、薛、師、古、邵、錢、盧、涂、丁、于、尹。
喜用（字）部首	禾、艸、米、梁、豆、麥、口、厶、王、令、帝、君、巾、糸、示、衣、采、夕、竹、月、心、田、玉、皿、曲、大、太、痦、廿。
三合字型	（如果見到三合的字型代表一生中貴人運強。）
龍的字形	龍、瓏、宸、農、震、貝、貴、賓、賢、賈、資。
猴的字形	袁、紳、神、暢、寰、坤、遠、環。
三會字型	（如果找不到三合的字形，退而求其次可以選擇三會字形。）
豬的字形	家、豪、核、緣、稼、象、聚、眾、容。
牛的字形	產、甥、甦、牟、牠、牡、牧、特、造、嘉、丑、吽。

◎肖　牛◎

適合創業的姓	李、鄧、鄭、趙、洪、江、張、白、莊、黎、連、宋、沈、涂、麥、翁、范、翟、廖、牛、巴、尹。
喜用（字）部首	禾、艸、米、粱、豆、麥、西、厶、鳥、羽、叔、菽、夕、卄、門、木、小。
三合字型 蛇的字形	超、廷、延、建、庭、道、達、迅、螺。
雞的字形	鴻、雄、鵲、鸞、鳥、鳳、鷺、鶴。
三會字型 豬的字形	家、宸、宇、豪、核、緣、象、聚、眾、容。
鼠的字形	孟、季、孰、學、孩、孫、孺、享、李、郭、好、承。

◎肖 虎◎

適合創業的姓	林、李、許、易、楊、簡、張、崔、祖、馬、侯、俞、岳、武、刀、卜、南。
喜用（字）部首	大、太、山、王、玉、月、心、怡、口、人、巾、糸、采、林、衣、夕、月、長、戌、犬、南、午、馬、肉、印、東、割、羅、示、令、君、東、火、水、木。
三合字型 馬的字形 狗的字形	駒、騁、駿、騏、騄、騰、篤、鄢、驥、騮、驊。 成、戎、茂、威、狄、然、崴、狄、猛、狷、葳。
三會字型 兔的字形 龍的字形	勉、迎、菟、堍、時、明、柳、卿。 麗、瓏、農、宸、年、賁、賈、資、賢。

◎肖　兔◎

適合創業的姓	喜用（字）部首
呂、吳、李、林、鄧、梅、麥、宋、周、高、黎、胡、涂、柳、盧、章、曹、秦、唐、劉。	小口、大口、廾、梁、禾、米、木、麥、巾、糸、采、示、豆、叔、稷、漆、稻、田、門、夕、耳、衣、曲、亥、未、厶、竹、月、水、石、尸、木、云、玉、王、日、陽、衣。 兔子生肖喜歡有洞穴字形，代表狡兔三窟，也代表一個人應變能力，故品、單、富、寰、黃、黃、喬、喜。

◎肖　龍◎

適合創業的姓	王、汪、申、袁、候、全、上、千、元、白、百、江、池、吳、金、沈、孟。
喜用（字）部首	王、大、太、日、月、雨、水、星、雲、君、主、長、霖、瓏、翌（光芒四射）、翊、仟、阡、崇、晨、旭、明、氵、辰、珠、帝、令、子、壬、癸、申、水、袁、馬、午、厷、刂。
三合字型 猴的字形 鼠的字形	袁、紳、神、暢、寰、坤、環、袁。 孝、存、季、孟、季、孰、學、孫、孺、享、丞、厚、惇、郭。
三會字型 辰、酉 （龍鳳配）	羽、羿、翁、翎、習、翊、翡、凰、金、釗、鳳。
馬、午 （龍馬精神）	馬、午（龍馬精神）馬、午字形，如：駿、騰、騁、馬、馮、駐、騫、驂、驚。

◎肖　蛇◎

適合創業的姓	乃、山、尤、孔、元、巴、毛、牛、巧、古、丘、包、安、百、向、官、周、卓。
喜用（字）部首	夕、口、曲、田、土（土壤堆）、戶、八、巳、門、糸、衣、示、采、巾、弓、几、虫、邑、小、少、臣、酉、彡、之、丑、馬、羊、心、月、羽、名、品、肉、晨、宸。
三合字型 雞的字形	鴻、雄、鵑、鳳、凰、鶯、鶴、翎、雅、集、鈞、鈴。
牛的字形	甥、甦、牟、牠、牡、牧、特、造、嘉、丑、妞、牽、哞。
三會字型 馬的字形	駒、騁、駿、騏、騄、騰、驥、瑪、篤、駱、鄢。
羊馬字形	美、姜、詳、洋、羨、羚、羯、羬、羭、羳

◎肖　馬◎

適合創業的姓	年、戎、米、余、武、成、利、谷、宗、狄、南、羿、馬、班、夏、晉、唐、章、許、路、莊、駱。
喜用（字）部首	糸、巾、衣、衤、日、龍、禾、麥、叔、稷、豆、梁、君、火、牛、羊、犬、灬、目、寅、戌、辰。
三合字型 代表狗的字形	成、虛、國、彪、威、然、獅、犬
代表虎的字形	處、虎、號、虛、虔。
三會字型 蛇部首	弓、巳、邑、几、虫。
羊字形	善、美、義、群。

◎肖　羊◎

適合創業的姓	林、葉、黃、余、陳、宋、莊、柳、董、路、賈、廉、楚、華、熊、管、趙、劉、駱、陸。
喜用（字）部首	米、麥、禾、豆、稷、口、足、几、小、士、臣、竹、火、穴、梁、田、曲、手、閎、宏、芸、新、木、門、月、廿、厂、新。
三合字型　兔字形	逸、卿、娟、期、映、迎、勉、菟、娩、東。
三合字型　羊字形	美、姜、祥、羚、群、妹、詳、洋、養、羭。
三會字型　蛇字形	健、建、速、運、逢。
三會字型　馬字形	駿、馬、許、炳、馴。

◎肖　猴◎

適合創業的姓	李、孫、汪、楊、江、蔣、姜、徐、范、余、高、沈、施、羅、詹、簡、倪、翁、赫、齊。
喜用（字）部首	衣、巾、系、口、金、人、言、玉、王、子、水、辰、謝、詞、詩、木、采、示、小、大口、水果、果、穴、山、彳、亻、冂、刂。
三合字型	猴、鼠、龍（申、子、辰）
龍的字形	瓏、農、宸、貝、財、貿、賓、瓏、麗、展。
鼠的字形	學、字、存、潔、涵、孝、孟、丞、厚、妤。

◎肖　雞◎

適合創業的姓	喜用（字）部首	三合字型 牛的字形	巳的字形
吳、楊、許、連、趙、萬、童、葛、葉、鄭、鄧、黃、許、莊、連、邱、詹、彭、邵、盧、范、華、廖、牛。	小、臣、士、土、卜、穀、禾、米、粟、麥、豆、粱、文、几、穴、皿、鬥、金、山、皿、羽、廾、冖。	牟、牛、生、筠、均、隆、妞、產、姓、甦。	建、弘、強、蓮

◎肖　狗◎

適合創業的姓	王、黃、馬、馮、康、莊、蔣、童、董、盧、陶、霍、萬、齊、莫、楚、魏、顏。
喜用（字）部首	月、小、少、士、臣、四口、肉、巾、系、衣、采、示、人、王、玉、豆、魚、門、禾、米、麥、梁、心、入、亻、冖。
三合字型	寅、午、戌（虎、馬、狗）
馬的字形	駿、騏、騰、驤、瑪、篤、駱、鄢、騫、炫、煒、然、赤。
狗的字形	戊、成、茂、戎、威、誠、然、崴、國、獨。
虎的字形	處、虎、號、虛、虔、彪、演、豹、琥、獅、獻、盧、寅。

◎肖　豬◎

適合創業的姓	李、江、葉、黃、林、康、余、黎、宋、潘、涂、柳、蒙、蒲、蔡、簡、戴、關、鐘。
喜用（字）部首	小、少、士、臣、木、羊、子、丑、金、竹、禾、麥、梁、豆、米、田、北、坎、牛、水、門、廾、宀、穴、八、氵、冫、牜。
三合字型 兔的字形	卿、卯、柳、青、清、勉、迎、逸、菟。
羊的字形	善、義、羚、美、姜、群、羲、妹、洋。
三會字型 鼠的字形	孝、孟、學、字、季、淳、宇、序、丞、好、承、孚。
牛的字形	產、甥、甦、牟、牠、牡、牧、特、物、牷、犁、犀。

掌握六原則，創業一定成

一、進入門檻低不選

有一天我深夜搭乘計程車時，計程車司機問我從事什麼行業？不像風塵女子，又不像賭場賭徒，為什麼三更半夜才下班？我回答說從事命理工作，他問我有多少收入？然後聽他說，他每天從早跑到晚十三小時工作也只能糊口，每到月底及月初、小孩開學前，幾乎口袋空空，而且此時載客率十分少，我說你學開車只要四個月就可領到駕照，任何人都可與你競爭，而我前前後後花了十四年時間在學習、讀書拜師及執業，此外，我還不斷寫作，當然我的收入會比你多了許多，而且愈老愈值錢，雖然有許多人在做命理師，但不是每個人收入都一樣，因為若沒有毅力，耐力及勤奮學習，就永遠是一個平凡命理師，如果你要創業一定要想清楚，你學好沒有，如果第二技能尚未學好，千萬別涉入，畢竟隔行如隔山。

二、創業要掌握先機

2001年春天，中壢有一家餐廳名叫「辣百家」的麻辣火鍋店老闆羅先生找我，告訴我他有一群朋友2000年從麻辣火鍋轉行做無煙日式烤肉加火鍋，他要轉型還是再開一間無煙日式烤肉，聽完我立刻說要開就快一點，2000年首創無煙日式烤肉，生命週期只有三年，過了2002年後就不需再開店，2003年頂讓所有店，日式無煙烤肉2004年一定會倒掉許多家，2006年後它就不再風靡了，羅老闆說我投資一張桌子（無煙烤肉專用桌）需花費3萬元，生命周期會這麼短嗎？我笑說，事業要跑在前面。

三、善用網路自創品牌

網路行銷是一個未來事業，它的生命週期十分長，看你如何行銷，如果你懂得如何架設網站，不斷用心自我推銷，相信不久將來會成為富豪。從網路下單、訂貨，至今到未來十年依舊有好光景，如果你肯犧牲休假，做一個快樂老闆，可在此時用心經營。

四、傳統行業尚有發展空間

傳統食品在台灣歷久不衰，台中有一家店做太陽餅、鳳梨酥已經經歷三代，依舊每天生意興旺，從高速公路下交流道，整個台中幾乎都可看到太陽餅三個字，走傳統行業在台灣依舊歷久不衰。

五、景氣好才創業

有許多人認為景氣不好，不妨出來開個店，讓自己好過一些，此種想法大大錯誤，景氣不好，要如何讓客人掏腰包進門來消費購物？別忘了大潤發、高峰百貨這兩家歷史悠久的公司，要不是景氣不好，也不會倒，創業年一定首先考慮今年景氣好不好，如果失業率居高不下，奉勸千萬別當老闆。

六、創業時需參考流年運程

如果你在45歲前想創業請參考地格數字；超過45歲後創業，請參考總格數字，以當年創業會發生什麼樣情形，好的開始是成功的一半，各運勢以5個星號為滿分，分析創業流年指數。

生剋關係	解釋	創業指數
比肩	今年的事業運、貴人運及財運都強強滾，每當要創業時，身邊親朋好友都跳出來替你加油打氣，並且為你張羅一切，此時是創業最佳時期。	★★★★★
劫財	想要創業的你，今年不是幸運指數年，想要自行創業，就要有無比堅心、耐力毅力、好好規劃、凡事起頭難，如何一炮而紅，需要長遠計畫，如果無法一炮而紅建議準備好半年週轉金，如果有的話，你就可以創業。	★★
食神	今年你的點子特別多，而能讓你成功致富的要訣來自你的創意與才華，E時代要新的產品，抓住新產品好好的海撈一票，相信會為你帶來不少財富。	★★★★★
傷官	事業在進行中最怕合夥人不同心，今年如果你想創業，切記心中要有準備，你的合夥關係中容易產生窩裡反的情形，有許多年輕人創業久了，好友變成仇人，或者看此行業賺錢，立刻翻臉再開一家店，自己就是幕後老闆。	★★★
偏財	今年你走偏財運，並不是換跑道最佳時機，建議此時你不坊多注意股票市場分析師及電視新聞報導，財經分析，因為今年你非常不適合創業，通常走偏財運時，只代表你會有橫財、沒有正財，創業屬於正財，當今年創業的你會發現為什麼都是空，好辛苦。	★★★

正財	今年你在工作上有很好的機會發揮，也是一個十分順心的創業年度，但內心時有掙扎。	★★★★
七殺	今年是你事業、財運不順年，想創業需要暫緩一下，建議你今年要多充實自我，待生命低潮過後再思考準備好了嗎？今年你走七殺運途，小人特別多，想要順心，是不可能的，如果你非要創業切記「資金調度」、「人事不合」、「合約問題」、「法律問題」都有機會浮現檯面。	★★
正官	只要積極面對人生，不斷為未來打算，機會總有一天會找到你，今年你走正官運，此時你可以放手一搏，做一些你以前不敢做的事，重新換跑道，找一些志同道合的朋友一起合夥投資，共同創業，為生命延伸再創事業高峰。	★★ ★★★
偏印	時勢造英雄是你今年的最佳寫照，遇到困難轉個彎，又是一條路，在舊有工作上不斷有小人在暗中傷你、排擠你，此時不妨換個跑道，建議創業要在下半年，今年上半年你不妨多觀摩各行各業，用冷靜思考，為未來走出一條路。	★★★
正印	今年是轉換跑道最佳低時機，也是婆婆媽媽特別多的時候，每個人都認為你小孩子騎大車，當什麼老闆，意見特別多，只要你認清楚，此時吃苦就是吃補，不妨更加努力創業，換跑道趁年輕。	★★★★

伍 職場改運DIY

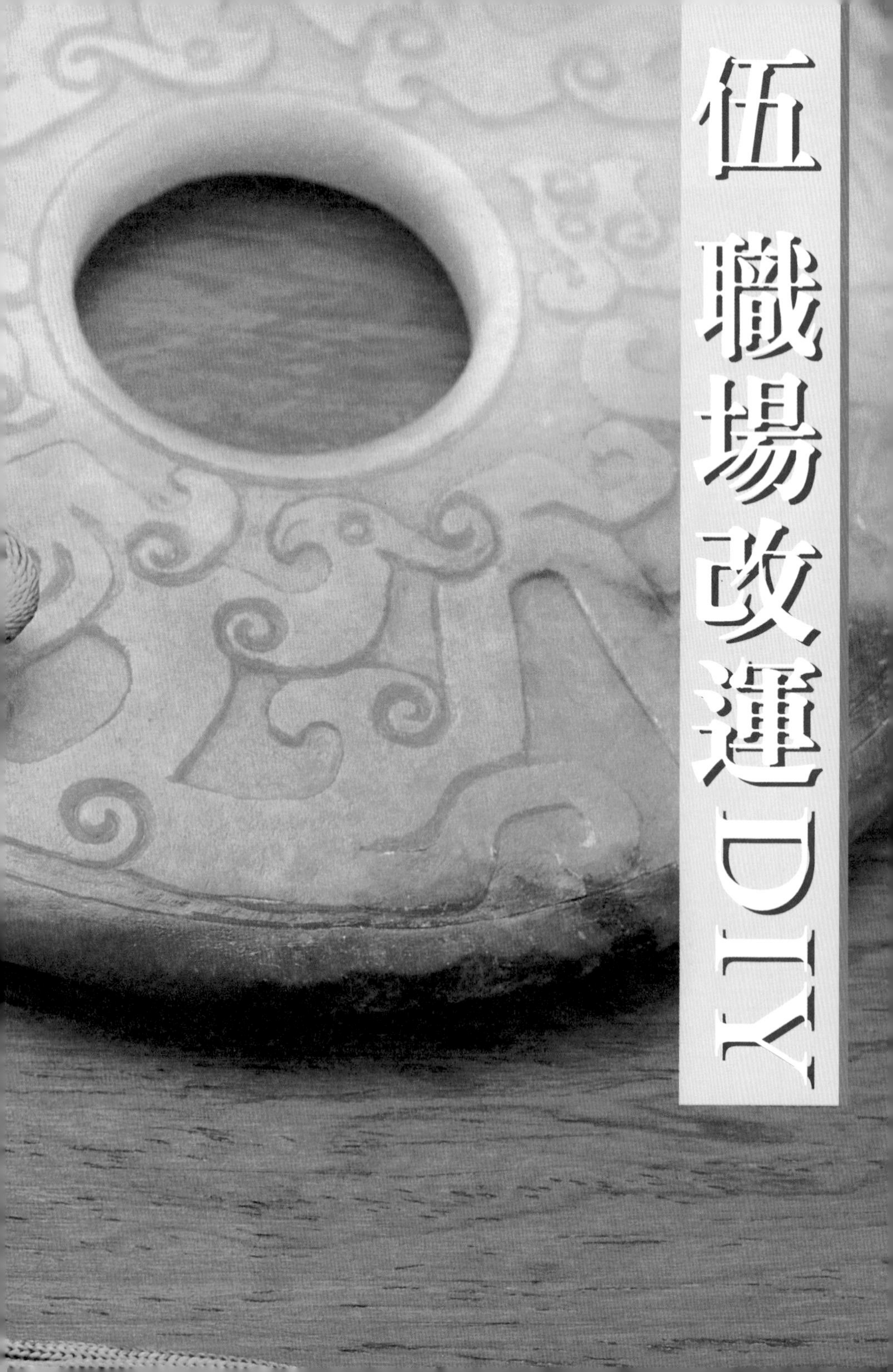

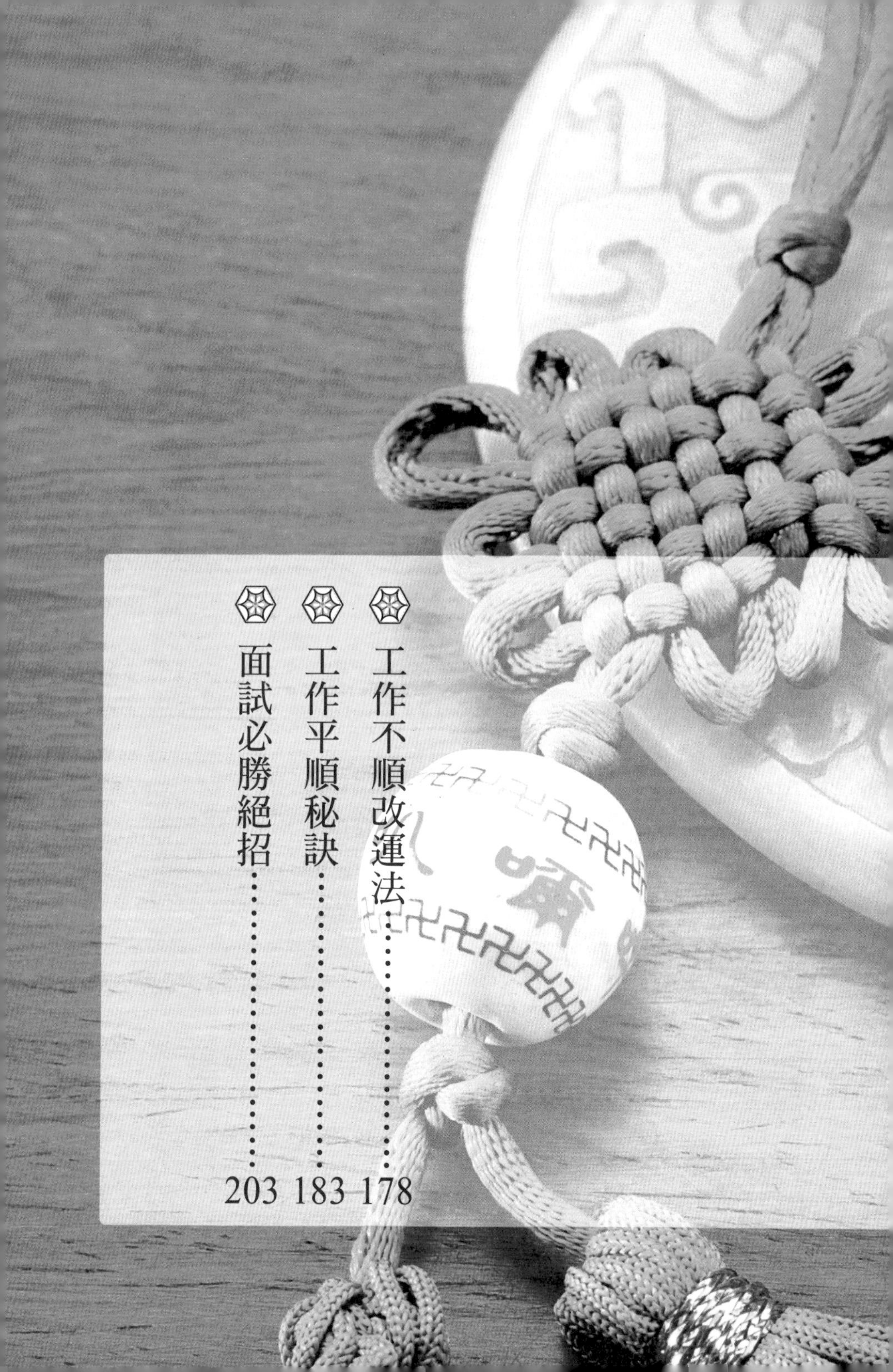

工作不順改運法……178
工作平順秘訣……183
面試必勝絕招……203

工作不順改運法

俗話說：「人若衰，種瓠仔也會生菜瓜」，當衰運籠罩，往往一個人會覺得非常無助，如何閃避衰神、突破窘境，不妨試試下列方法。

榕樹葉衰氣退身法

◆所需材料：

抹草葉7片、芙蓉7片（這兩項材料在草藥店可買到）、帶枝葉的榕樹1枝、少許的粗鹽、米（10公克）、陰陽水、裝水的大碗公1個。

（註：何謂陰陽水：自來水、泉水、井水等未煮熟

陰陽水

的水謂之「陰水」，煮開過的水則是「陽水」，以一：一的比例將兩者混合，則可形成蘊含天地之氣的「陰陽水」。）

◆施法步驟：

將抹草葉、芙蓉、粗鹽、米粒，通通倒入大碗公中，用陰陽水將所有材料調和。

相傳榕樹葉可以趕走邪靈，坊間有用竹子（少許竹葉）來化煞。

運衰的人可將上述調和好的材料，以榕樹枝，在家中從內到外，沾水散灑，淨化室內。

平常用抹草7片、芙蓉草7片煮水，清洗身體及臉部，也是一種非常好的改運方法，通常以上的方法必須連續進行七天。

芙蓉葉

榕樹枝

粗鹽驅邪化煞法

◆所需材料：

1個碗公、食用鹽1包、米1小碗。

◆施法步驟：

碗公內米佔三分之一、食鹽佔三分之二，米與食鹽混合在碗公裡面。左手托住碗公，右手以大拇指、食指、中指抓取鹽米，在家中客廳拋灑，拋灑的時候，左腳必須同時跺地，拋一次、跺一下。口中默念：「南無阿彌陀佛，一切衰運去到千里遠」。

拋灑的鹽米，必須三天後才能清掃，這三天內千萬不可以掃地、拖地，如果掃地、拖地會使這個除衰運的方法沒有效果。

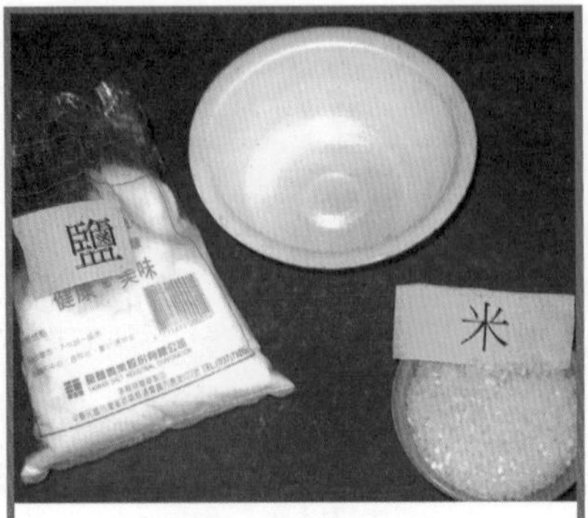

食鹽、碗公、米

小指改運法

◆好財運：

用黃色線纏繞在尾戒上可接收到天上行星財祿星的頻道和磁場。相傳財祿星存在東北方，自古皇帝家族喜用黃色的，黃色代表尊貴也代表富貴，尾戒是黃色的，無形之中產生吉祥又尊貴的磁場，即有催化財運效果，跟家中安放黃水晶有同樣的效果。

◆好人緣：

你的人緣不好嗎？建議你結個人緣線，也是在小指，用粉晶再配紅色或粉紅色線，繞滿整個戒指，或是買個素面銀戒結滿紅色或粉紅色祈福結，讓好運及婚緣早現。

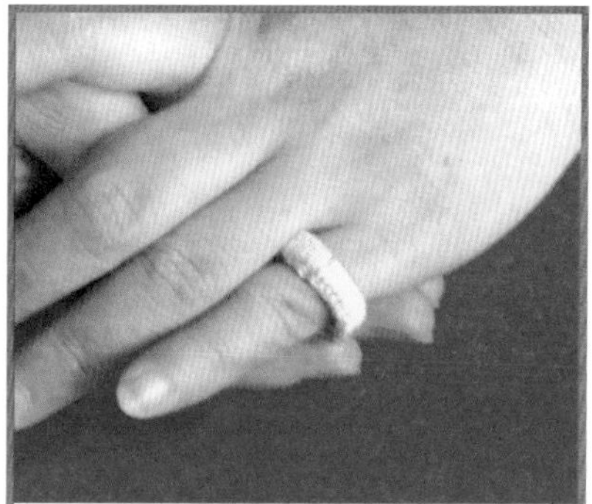

人緣結

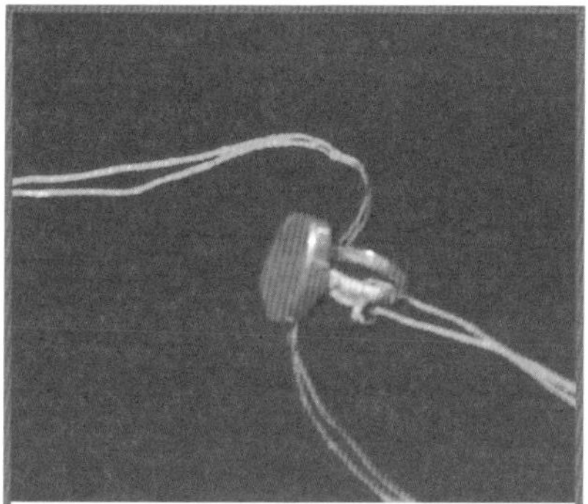

人緣結

【權威說法】

■改運也可求助神明

台北市大龍峒，有一間廟，廟中供奉吳道祖，這個廟在台北市是三級古蹟，歷史淵源很久，廟中有一種解改的方法，通常都在早上的九點半到下午的四點半，共計有七場解運法事，這座廟當中有專門的道士為信徒解運，你可以利用白天的時間到廟中參加解改法事，當天你必須要帶內衣至廟中，目前收費四百元。

■解改注意事項：

家中有喪事者，百日之內不可至廟中參加解運法事。

家中有產婦，一個月內不可至廟中參加解運法事。

今天有參加喪事者，不可進廟中，代表對神明不敬。

女性有月事者，月事期間不可至廟中參加解運法事。

工作平順秘訣

每個辦公室都有一個純吉的位子，也有一個純凶的位子，有許多人上班十分認真，常常加班加得要命，偏偏老闆就是看不到，有許多人上班喝咖啡、聊天、聊是非，老闆卻特別欣賞他，如何在惡劣的環境當中，讓你起死回生，我們不妨由你的辦公桌來改變磁場，讓你的位子發揮潛力。

辦公室風水不敗

◆玄關

公司的進口處往往需要一個小小的空間，擺放可供洽談的桌椅，或者是有一些花卉，讓公司感覺上較氣派。如果公司的玄關特別窄，或是公司一進門就能看到辦公室裡頭，通常這家公司在業務上一輩子不會有什麼發展，因為公司的門面這麼不注重，相對公司的內部人事一定不合，比較會有公司派系的鬥爭。

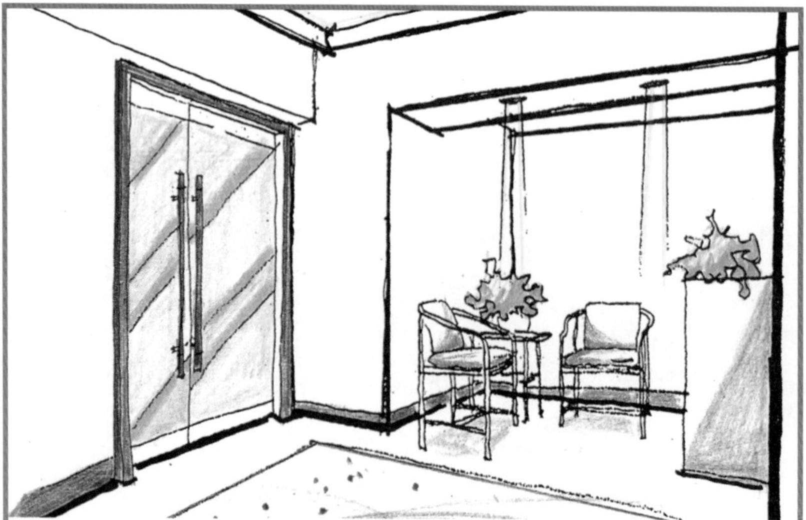

公司進口處有洽談區，有花卉。

◆櫃檯

我們可以常常看到大型公司進門的地方有櫃檯小姐接電話，處理一些雜務的事情，通常櫃檯小姐皮膚白、身高約160公分、體重48公斤左右，這家公司比較容易賺錢。如果櫃檯的顏色是米色系列或者是淡色系列，代表公司營運非常好，如果是暗色系，代表公司非常老舊，老闆的思想屬於保守派，不敢往前面發展。

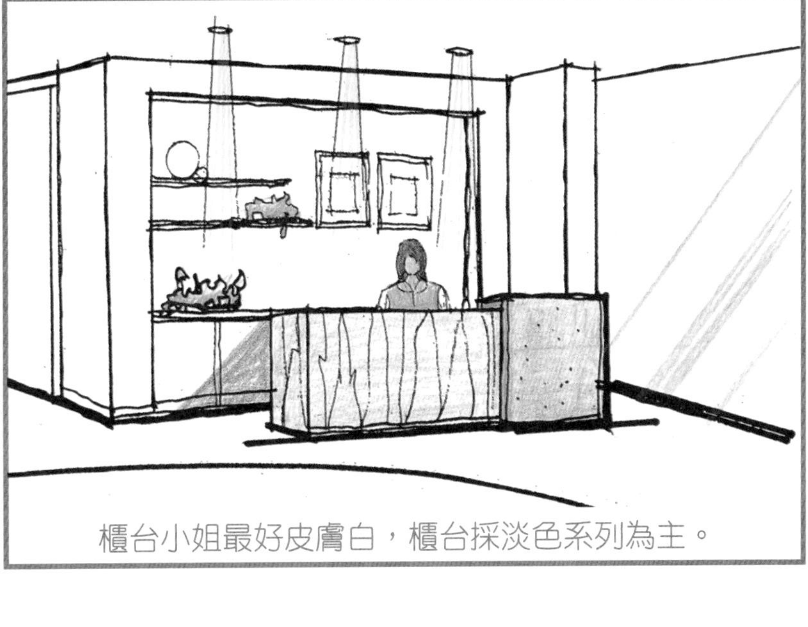

櫃台小姐最好皮膚白，櫃台採淡色系列為主。

◆會議室

公司如果有會議室，代表公司業務會蒸蒸日上，有許多公司為了節省空間，常常沒有會議室的存在，相形之下不利於公司內部溝通，發展空間非常的窄，因為老闆認為員工的意見沒什麼重要，所以公司常常是一言堂。

不可為節省空間，而忽略會議室的存在。

◆業務部

進門口首先看到的部門應該是業務部，業務部的人員常常需要面對客戶，除了外出拜訪客戶以外，也有客戶常常會到公司裡頭洽商，比如說證券交易所，業務部直接面對客戶，如果你發現到業務部前面有一個高高的櫃檯，業務部的人員與客戶的交談都在櫃檯以外，代表業務人員非常的現實，對客戶的洽詢幾乎都是敷衍了事，當業務部沒有高高的櫃檯時，代表業務人員處理業務比較不會有功利主義，公司的業績、利潤，往往可以創高峰。

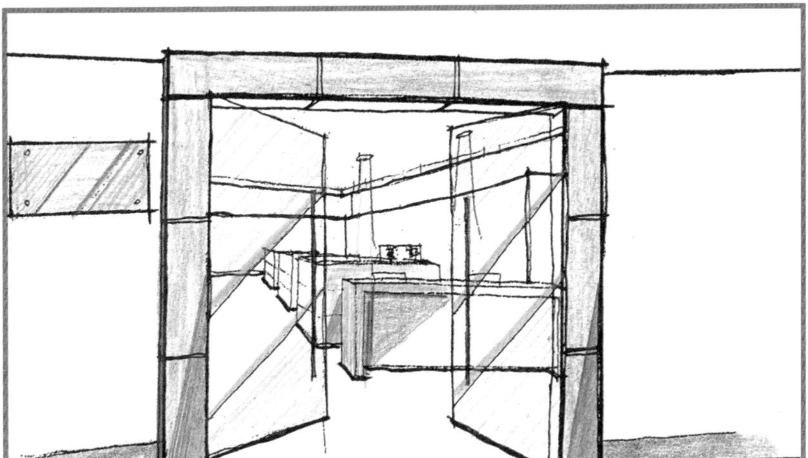

業務部不應有高高的櫃台。

◆客服部

目前辦公室都是歐化的設計，客服部的人員幾乎有一個小小的包廂，當客戶有問題的時候，與客戶直接面對面的解決，服務的品質比業務部更要求，當你看到公司有客服部這個部門出現的時候，顯示公司的售後服務特別好，對員工的保障也特別注意，公司的職員大約在一百人左右，屬於中大型公司，在客服部的每張桌子上，放一盆蝴蝶蘭代表公司與客戶之間互動良好。

在客服部，放一盆蝴蝶蘭。

◆財務、會計、總務部

財務部和會計部往往都位於公司最深的角落，從進門後直角的眼光看到最底的地方，往往是公司的財務部或者是總經理辦公室、老闆辦公室，通常越深、越不與外界接觸的地方，代表公司的暗財，辦公室內有一棵萬年青或者蘭花，代表公司財源滾滾，沒有一家公司會把財務部或是會計部放在公司的進口處。

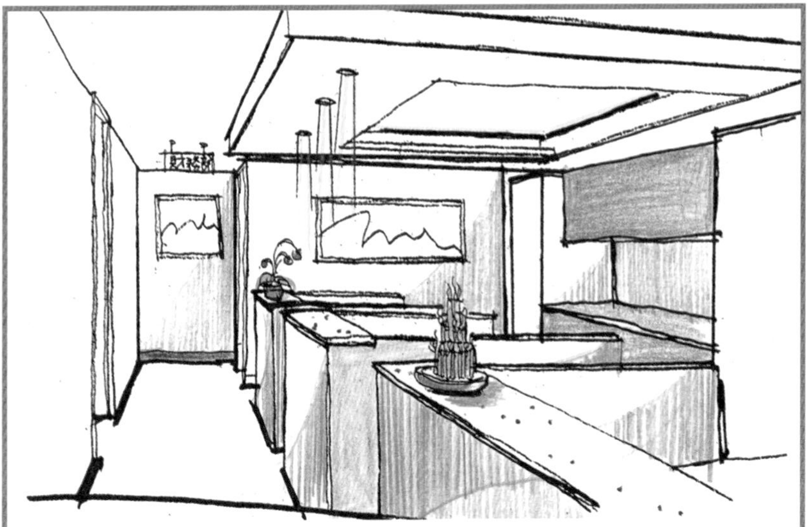

辦公室有萬年青，財務部在最深的位置。

◆人事部

人事部通常會放在企畫部的旁邊，人事部幾乎在公司的東方，而且最好有一扇窗戶，讓空氣直接流通在人事部，辦公室內的佈局如果有一幅百鶴迎春圖，代表公司員工一片和樂，如果公司的人事不合，可以在辦公室進口處懸掛一個葫蘆，收收辦公室的穢氣。

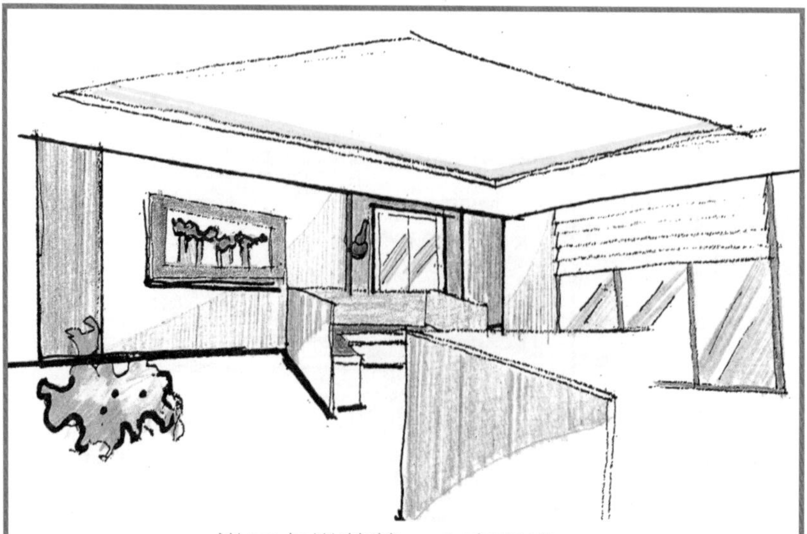

進口處掛葫蘆，人事和樂。

◆企畫部

企畫部代表公司的精英，最好放在公司的東南角，顏色的佈局最好是米色、淡粉紅色、白色，採用暖色系列，讓辦公室感覺到非常的溫馨，我們會發現到企畫部常常有一些輕音樂，懸繞在企畫部內，往往音樂的作用可以讓辦公室工作的壓力減少，無形之中新的企畫案比較容易產生。

企畫部佈局溫馨，有音樂。

◆老闆辦公室

通常風水學當中最重視老闆的辦公室，有許多老闆只要一不賺錢，一定找風水師來看老闆的辦公室，是否要移動座位，我們常說打開老闆的辦公室，法寶一大堆，至於有沒有效，見仁見智。我認為老闆的辦公室首先要清爽，而且一定要有一個洽談座位，顯示老闆有私密的空間；此外，老闆辦公室的坪數，不可以低於5坪以下，如果低於5坪，相對老闆上班的壓力會特別重，而且容易發脾氣。

老闆辦公室不可低於5坪以下。

◆業務經理辦公室

業務經理是公司的舵手，往往是為公司創業績的人，他的辦公室盡可能與業務部很接近，並且掌管業務部的一切言行舉止，有許多公司把業務經理放在老闆的辦公室旁邊，其實是錯的，因為經理必須要跟業務員打成一片，不可以高高在上，如果經理的辦公室離業務員非常遠，相對員工對公司的忠誠度就會越來越低。

業務經理放在業務員旁邊。

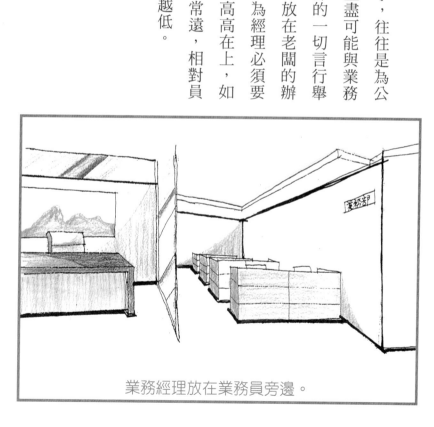

辦公室座位禁忌

◆正對大門

通常正對大門的位子比較容易離職，而且面對大門的位子，通常由職位比較低的人去坐，正對大門常常會受外來的客戶影響，事情還沒做好就有人問說「我要找某某人，請問他在不在」，手邊的工作還沒做完就被打斷了，往往工作效率不佳。

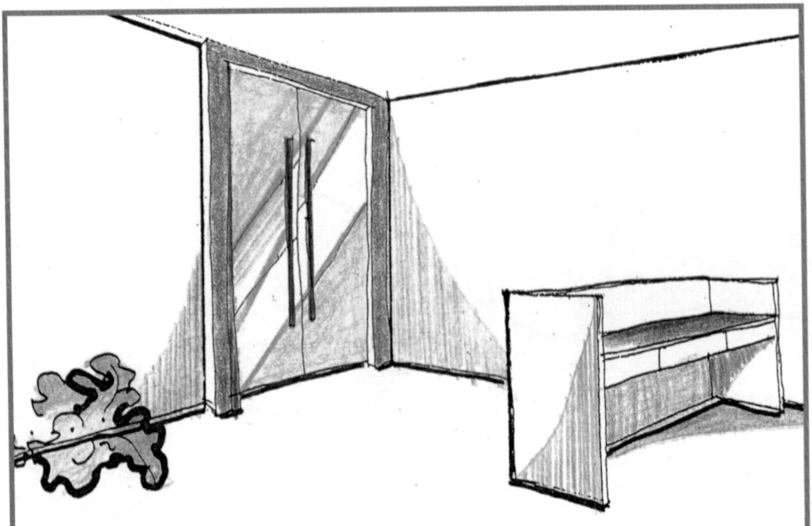

正對大門不宜放座位。

◆正對柱子

台灣屬於地震帶的國家，常常可以看到柱子支撐著辦公室，柱子裡面有鋼筋水泥，長期在鋼筋水泥旁工作，會受到電磁波的干擾，情緒會非常不穩定，總覺得有哪裡不對，又說不出來，而且有許多客人告訴我，坐在柱子旁邊，被主管盯的機率也比較大。

柱子邊不宜放座位。

◆正對會議室及老闆辦公室

在會議室的門口及老闆辦公室的門口，一天到晚有人進出，會影響工作情緒，也會受到同事的干擾。

會議室及老闆門口不宜放座位。

◆主管座位前

通常坐在主管位子前都是會計，會計的工作十分雜亂，稍不留心就會記錯帳，當你坐在主管的位子前，前面的工作尚未完成，老闆就馬上交待第二個工作，讓自己連喘息的時間都沒有，主管的座位前任何人坐，都是一個苦差事。

主管座位前不宜放座位。

◆座位後面沒有靠背

你的座位後面常常有人在走動，好像有好多雙眼睛盯著你，讓你覺得好不自在，有時候想偷偷懶，找個牆壁靠一靠、伸伸懶腰都沒有機會，一天工作八個小時，好像打了八個小時的仗，工作起來十分緊張。

座位後面沒靠背，有人走動不宜。

◆ 座位不可以背門

門是每天有人進出的地方，你的座位正好在門的背後，當人推開大門的時候，如果你沒有心理準備，會被嚇到，別人也會被你嚇到。在這種不安的環境下，通常公司比較留不住你，你也會有不受重視的感覺，在這家公司坐不到三個月就會有離職的打算，這個位子是代表異動的位子。

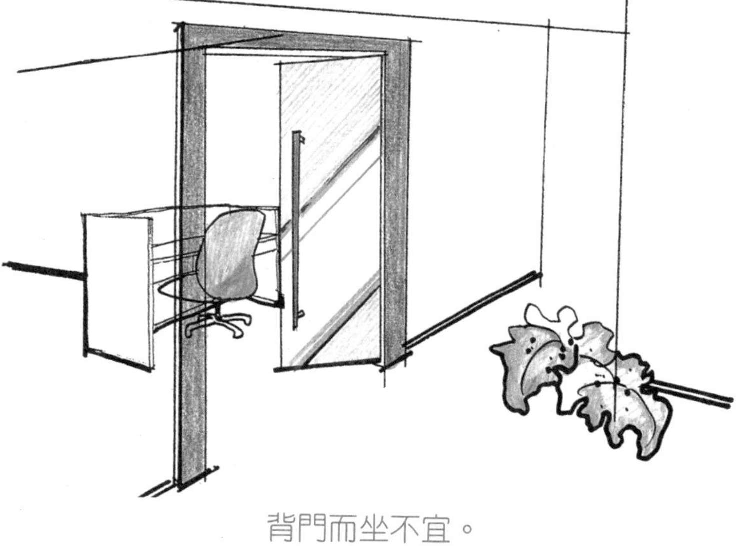

背門而坐不宜。

◆座位忌在大樑之下

通常在家裡頭睡覺會很討厭在大樑下，如果頭睡在大樑下，往往睡起來頭部思慮不會清淅，肚子壓在大樑下睡覺，會覺得好像有什麼東西壓下來，也會覺得怪怪的，何況一個人從早到晚都坐在大樑下工作，久而久之精神會衰弱，會有偏頭痛的病症出現，再久一點會腦神經衰弱，建議在大樑下避開員工的座位，讓員工快快樂樂上班為公司創造更好的業績。

座位忌在大樑之下。

◆座位忌在廁所及廚房門前

廁所、廚房在風水學當中是最髒、最污穢的地方，長期在廁所或廚房旁邊工作，久而久之自己的運程都會變衰，對於公司交待的任何一項工作，也不會做得盡善盡美，如果是會計安放在廁所旁邊，我想這家公司不用奢談賺錢，不倒就阿彌陀佛了。

座位忌在廁所及廚房門前。

當你是新新人類，剛到公司上班的時候，記得以上八項禁忌要特別注意，如果一分配到的位子就符這八項中的一項，我想你也不必學王寶釧苦守寒窯，因為這個工作你會很快就離職，此時跟公司爭取好的位子，讓你的優點早日發揮，讓公司看到，祝新新人類有一個好的工作環境。

面試必勝絕招

根據人力銀行調查，每年春節過後想要轉換職場的上班族高達30％，如何在新的年度中，應徵到好環境、分紅又分到手軟的好工作，以下提供7個面試必勝的方法。

摘桂花葉求貴人

在庭院當中找棵桂花樹，在桂花樹上摘下九片桂花葉，將自己的名字寫在紅包袋上面，放在左胸口袋或皮包內，這樣就會有貴人來相助，在求職的過程中，獲得青睞。

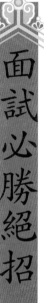

早睡納吉氣

為了讓自己顯得精神抖擻，建議在面試前一天提早睡，第二天早上六點鐘起床，到住家附近的廟宇點香祈求今天面試順利，燒完香後面朝東邊的陽光，做深呼吸、活絡筋骨，增加自己的磁場。

敷臉增貴人運

額頭代表你的貴人運，如果你的額頭上面長滿了痘子，或者是有抬頭紋，此時貴人運就會比較弱，相對額頭光亮的人一向都會很得師長的疼愛。不妨在應徵前做臉部的保養，這裡所謂的臉部保養不是指在一般坊間的美容公司做保養、擠粉刺，因為一般擠完粉刺後臉部會紅腫，反而會阻撓你的貴人運，你不妨至坊間購買一些敷臉的面膜，每隔三天敷一次，一星期做兩次，讓自己的臉部光滑。

掌握「勝」，求職順

假設今天早上你要去面試，不妨到廟中點三柱香，跪在神壇前祈求神明保佑，並用香頭在左手掌心上（距離約5分公左右）寫「勝」字，寫完後左手緊握，將香插入香爐中，等三分鐘後才可將左手打開，之後再去面試。

服裝開運法

人要衣裝，佛要金裝，所以在面試時要穿對開運的顏色，讓主考官對你印象加分。女性喜歡穿黑色、深藍色、咖啡色的人給人感覺穩重；如果你喜歡穿紅色、粉紅色、翠綠色、粉藍色，代表你對人生充滿了朝氣；如果你懂得加上領巾、耳環，讓人家感覺你很懂得掌握自己。

男性髮型是決定你錄取與否最重要的部份，很多時下年輕人喜歡染髮、戴耳環，感覺上讓人覺得非常不穩重，如果應徵當天，你懂得穿西裝、打領帶，往往主考官會把好的位子留給你，對你的印象也會非常的深刻。此外，有很多辦公室都流行禁煙的活動，如果你應徵的時候滿身煙味，相信你到任何一家公司都不受歡迎。

拿紅包加運氣

每個生肖都有他的貴人，如果你預定今年要畢業了，不妨跟你的生肖貴人要一個紅包，紅包的數目字是168元，代表一路發，最好是在畢業的時候或者過年的時候跟家中的長輩索取這個紅包，將紅包放在你的皮夾裡隨身攜帶，相信有家人的祝福今年也會一路發。

不斷自我充實

如果你長期應徵不到工作，可能你所學的未必是你將來成功的道路。不妨在這段時間去補習，很多人是讀商科的，畢業後想找到一份會計的工作，其實會計的工作待遇十分微薄，你可以利用這段時間去補修一些不足的地方，比如說在中國青年服務社裡有工商教育課程、金融證照班、自我成長班，其中的語言表達、自我成長、口才訓練、人際溝通等科目，只要花很少的錢就會為你的人生帶來更多的加分，工作找不到，請用正面的方法來看待，要讓荷包滿滿唯一的方法就是不斷的充實自我，才是一個正確的方法。

出生年	生肖貴人	出生年	生肖貴人
民國60年出生	馬、虎	民國72年出生	兔、蛇
民國61年出生	兔、蛇	民國73年出生	牛、羊
民國62年出生	兔、蛇	民國74年出生	猴、鼠
民國63年出生	牛、羊	民國75年出生	豬、雞
民國64年出生	猴、鼠	民國76年出生	豬、雞
民國65年出生	豬、雞	民國77年出生	牛、羊
民國66年出生	豬、雞	民國78年出生	鼠、猴
民國67年出生	牛、羊	民國79年出生	牛、羊
民國68年出生	鼠、猴	民國80年出生	馬、虎
民國69年出生	牛、羊	民國81年出生	兔、蛇
民國70年出生	馬、虎	民國82年出生	兔、蛇
民國71年出生	兔、蛇	民國83年出生	牛、羊

【附錄】

姓氏筆畫數

比劃	姓氏筆劃
二劃	丁、卜、刁、七、乃
三劃	于、干、山、上
四劃	王、方、尤、孔、文、牛、尹、卞、元、支、巴、仇、戈、公
五劃	古、甘、史、白、申、田、包、石、丘、皮、平、左、井、冉、卯、巧、右
六劃	朱、任、伊、安、米、伏、羊、全、戎、牟、后、百、仲、再、同、危、吉、年、向
七劃	宋、江、吳、李、杜、何、呂、辛、余、車、巫、成、谷、池、利、岑

比劃	姓氏筆劃
八劃	林、金、官、季、周、汪、岳、易、孟、宗、卓、宓、沈、狄、屈、杭、牧、武、幸、居、艾、孟
九劃	段、柯、姚、風、紀、娀、查、柳、姜、韋、侯、施、柏、封、羿、秋、孤、咸、皇、姬、紅、柴
十劃	殷、袁、唐、翁、夏、秦、倪、徐、高、孫、洪、花、席、凌、烏、班、宮、祖、貢、耿、芳、桂、祝、馬、蚋、豹、晉
十一劃	浦、張、康、商、苑、聊、茅、涂、章、寇、尉、苗、崔、紫、梅、崖、麥、粘、胡、從、梁、曹、婁、范、許
十二劃	黃、彭、盛、邱、曾、邵、賀、傅、童、程、喬、閔、雲、焦、費、喻、景、荊、堵、富、辜、邴、斐、馮
十三劃	解、塗、湛、游、路、雷、賈、楊、湯、詹、莊、廉、虞、莫、裘、雍、農、楚
十四劃	廖、臧、齊、超、連、華、郝、熊、管、郗、郤、赫、織、郟、溫、裴、壽

比劃	姓氏筆劃
十五劃	黎、劉、郭、葉、歐、樂、衛、魯、萬、董、葛、談、厲、滿、褚、閻
十六劃	蒙、潘、盧、賴、陳、駱、錢、陶、閻、蒲、穆、陸、鮑、諸、蓋、霍、龍
十七劃	謝、蔡、鄒、韓、蔣、陽、館、應、隆、鍾、鄔、蔚
十八劃	彥、魏、簡、戴、聶、闕、儲、鄢、豐
十九劃	蕭、鄭、鄧、薛、關、譚、龐、薄
廿十劃	羅、嚴、藍、釋、鐘
廿一劃	顧、饒、巍、瓏
廿二劃	龔、蘇、權、欋
廿三劃	欒、蘭

容易計算錯誤的字旁

◆氵 三點水 本體為水字四畫

汽（8）、浩（11）、港（13）、滿（15）、澮（17）

◆艹 草頭 本體為艸字六畫

芝（10）、莊（13）、菁（14）、葉（15）、蔣（17）

◆忄 抱心旁 本體為心字四畫

快（8）、悟（11）、惶（11）、慊（15）、憶（17）

◆ 犭 秉銀旁　本體為犬字四劃

狄（8）、狼（11）、貓（13）、獐（15）、獨（17）

◆ 王 車玉旁　本體為玉字五畫

玠（8）、珮（11）、琛（13）、瑤（15）、璘（17）

◆ 扌 挑手旁　本體為手字四畫

技（8）、捉（11）、揚（13）、摸（15）、擇（17）

◆ 礻 半禮旁　本體為示字五畫

祈（9）、袍（11）、祺（13）、禡（15）、禧（17）

◆月　肉字旁　本體為肉字六畫

肥（10）、胎（11）、脫（13）、腹（15）、膛（17）

◆衤　半衣旁　本體為衣字六畫

補（13）、裱（14）、褌（15）、襁（17）

◆罒　网部　本體為网字六畫

罘（10）、罡（11）、羅（20）、罰（15）、署（15）

◆辶　走馬　本體為字七畫

迄（10）、送（13）、通（14）、週（15）、遠（17）

◆阝右鉤耳　本體為邑字七畫

邢（11）、郁（13）、郡（14）、都（16）、鄙（18）

◆阝左鉤耳　本體為阜字八畫

阡（11）、阿（13）、陣（15）、陳（16）、隘（18）

LOT系列

職場姓名學

作　　　者：胡婕筠、胡山羽
出　版　者：生智文化事業有限公司
發　行　人：宋宏智
企 劃 主 編：萬麗慧、鄭淑娟、林淑雯、陳裕升
媒 體 企 劃：汪君瑜
活 動 企 劃：洪崇耀
責 任 編 輯：姚奉綺
文 字 編 輯：張愛華
版 面 構 成：夏果momo
封 面 設 計：夏果nana
專案行銷主任：吳明潤
專 案 行 銷：張曜鐘、林欣穎、吳惠娟
登　記　證：局版北市業字第677號
地　　　址：台北市新生南路三段88號5樓之6
電　　　話：(02)2366-0309　　(02)2366-0310
網　　　址：http://www.ycrc.com.tw
讀者服務信箱：service@ycrc.com.tw
郵 撥 帳 號：19735365　　戶名：葉忠賢
印　　　刷：鼎易印刷事業股份有限公司
法 律 顧 問：北辰著作權事務所　蕭雄淋律師
初 版 一 刷：2004年7月　　定價：新台幣250元
I S B N：957-818-639-8

國家圖書館出版品預行編目資料

職場姓名學 / 胡婕筠, 胡山羽作.
- 初版. - 臺北市 : 生智, 2004[民93] 面 ; 公分
ISBN 957-818-639-8(平裝)
1. 姓名學
293.3　　93010256

總經銷：揚智文化事業股份有限公司
地址：台北市新生南路三段88號5樓之6
電話：（02）2366-0309傳真：（02）2366-0310
※本書如有缺頁、破損、裝訂錯誤，請寄回更換

十二生肖姓名學

教學內容：

1. 文字的結構、姓名的架構。
2. 姓名之大運運程分析。
3. 天地人論斷訊息解析。
4. 文字拆解。
5. 文字與生肖之互動關係。
6. 子、丑、寅、卯、辰、巳年出生之姓名吉凶概論。

愛情姓名學、磁場姓名學

教學內容：

一、初級班

1. 數字篇。
2. 五行生剋篇。
3. 如何找老闆（貴人方）。
4. 如何找合作夥伴。
5. 如何選職員（用人方）。
6. 人際關係相處之道。
7. 秘書篇—如何找到得力助手。
8. 探討財富。

二、高級班

1. 納音姓名學。
2. 如何從姓名看流年。
3. 用姓名趨吉避凶、造命開運。
4. 如何取公司名字。
5. 婚姻宮—戀愛、訂婚時會發生什麼事。
6. 外遇篇—外遇事件如何處理、假象夫妻。

飛星紫微斗數（初、高、職業班）

教學內容：星性解說、十二宮分析、飛星四化解說。

一、初期班

1. 排命盤
2. 論星性：紫微、天機、太陽、武曲、天同、廉貞、天府、太陰、貪狼、巨門、天相、天梁……等。
3. 論雙星組合：紫微天府、紫微貪狼、紫微天相、紫微七殺、紫微破軍、天機太陰、天機巨門、天機天梁、太陽太陰、太陽巨門……等。
4. 論命宮。
5. 論兄弟宮。
6. 論夫妻宮。
7. 論財帛宮。
8. 如何論斷財、官、情、疾厄、壽及流年、大運的吉凶悔吝。

二、高級班（24堂課）

1. 如何論大運、論流年、論流月、論流日。
2. 課程以「紫斗、八字、人相」的星、命、相合參應用為主。

3. 秘傳道家的以十二生肖、六十甲子太歲及吉祥、制煞物等的「造命開運」法及「趨吉避凶」法。
4. 紫斗「天、地、人、玄」四盤的傳授。八字「算、看、批、通」四法的教導。人相「法眼、天眼通」的訓練。
5. 飛星派獨傳改運法，化解命中的災劫。

三、職業班（跟隨胡老師身邊做助理，期間半年）

飛星派教學與別派不同，教學期間學生提供十張命盤，由胡老師教導如何論斷此人命運。不論上初級班、高級班、職業班皆由學生提供命盤給老師指導。

面相學（24堂課）

教學內容：

一、初期班

以《神相全篇》、《人倫大統賦》、《太清神鑑》等古書為憑，不過卻以目前時空的人們為詮釋的對象。講座中除傳授上相（神、氣）、中相（色、骨）、下相（形、位）之外，並以實例講述手相、痣相、心相、體相的合參法。「知人知面又知心」是現代人必備的生活、生存利器，盼各位都能擁有之！

二、高級班

面相十二宮簡介，大運流年。

1. 別讓氣色透露你的秘密。
2. 在一個適當的路口轉彎。
3. 如何增加競爭的能力。
4. 困境中找出路。
5. 如何生涯規劃。
6. 經濟不景氣，如何自我爭氣。
7. 如何論斷財、官、情、疾厄、子媳、個性、學業。
8. 獻給企業家們—用人十招。

西洋占星學

教學內容：星性的分析解說。

1. 命盤計算的準備與時間換算的基本概念。
2. 行星和其他重要點的位置計算
3. Placidus System宮位系統計算。
4. 宮頭位置的更精確計算。
5. 南緯地區的換算。
6. 命盤上各種位置的標記。
7. 黃道十二宮的基本概念。
8. 後天十二宮的基本概念。
9. 黃道十二宮的區分。
10. 符號與神話。
11. 宮主星。
12. 四正星。
13. 基本宮。
14. 固定宮。
15. 變動宮。
16. 三方宮。
17. 現代占星學上的行星意涵。
18. 行星的逆行、互容和廟旺陷弱。
19. 行星的解讀方式。
20. 行星的影響力及其論斷原則。
21. 個人的心理與行為反應。
22. 個人的環境與事件肇因。
23. 行星落入星座的徵象說明。
24. 宮位的環境制約。
25. 先後天宮的結合。
26. 行星落入宮位的徵象說明。
27. 相位的分類。
28. 相位的論斷原則。
29. 相位徵象的說明。

廣　告　回　信
臺灣北區郵政管理局登記證
北台字第8719號
免　貼　郵　票

106-□□
台北市新生南路3段88號5樓之6

揚智文化事業股份有限公司　收

□□□-□□
地址：　市縣　鄉鎮市區　路街　段　巷　弄　號　樓
姓名：

PUBLICATION
生智

書號　D6112　書名　職場姓名學

生智文化事業有限公司

讀・者・回・函

感謝您購買本公司出版的書籍。
爲了更接近讀者的想法，出版您想閱讀的書籍，在此需要勞駕您詳細爲我們填寫回函，您的一份心力，將使我們更加努力！！

1. 姓名：________________
2. E-mail：________________
3. 性別：☐ 男 ☐ 女
4. 生日：西元______年______月______日
5. 教育程度：☐ 高中及以下 ☐ 專科及大學 ☐ 研究所及以上
6. 職業別：☐ 學生 ☐ 服務業 ☐ 軍警公教 ☐ 資訊及傳播業 ☐ 金融業 ☐ 製造業 ☐ 家庭主婦 ☐ 其他______
7. 購書方式：☐ 書店 ☐ 量販店 ☐ 網路 ☐ 郵購 ☐書展 ☐ 其他______
8. 購買原因：☐ 對書籍感興趣 ☐ 生活或工作需要 ☐ 其他______
9. 如何得知此出版訊息：☐ 媒體______ ☐ 書訊 ☐ 逛書店 ☐ 其他______
10. 書籍編排：☐ 專業水準 ☐ 賞心悅目 ☐ 設計普通 ☐ 有待加強
11. 書籍封面：☐ 非常出色 ☐ 平凡普通 ☐ 毫不起眼
12. 您的意見：____
13. 您希望本公司出版何種書籍：________________________________

☆填寫完畢後，可直接寄回（免貼郵票）。
我們將不定期寄發新書資訊，並優先通知您
其他優惠活動，再次感謝您！！

新思維・新體驗・新視野

新喜悅・新智慧・新生活